ある外国人の日本での20年

——外国人児童生徒から「不法滞在者」へ

はじめに

出会い

茨城県牛久市にある東日本入国管理センターに収容されているTとの出会いは、Tから送られてきた1通の手紙に始まる。東日本入国管理センターは、全国で2か所設置されている入国者収容所入国管理センターの1つで、「不法滞在者」の収容と送還を行う施設である。手紙の便箋1枚に、以下の文章が記載されていた。

「拝啓　田巻松雄様へ　はじめまして、私は△△国籍の名前は△△と申します。おいそかしい中とつぜん失礼です。私は、中学校卒業かたちじょうでは　出来ましたが、学歴が足りません、オーバーステェーになりいつかは△△に帰えらなきゃならいが、…でもまともに学校には行っておらず何も出来ません。学歴が足りない人の為に保護か何か本当にないのでしょうか。＊学校はいじめがげんいんでやめました」（国籍と氏名を除く全文のまま）。

この手紙を見たとき、年齢は、正直、10代後半くらいの人かなと思った。「不法滞在」、中卒、いじめ、保護、の文字が並ぶ。どのようにして自分のことを知ったのだろうか。自分に何を伝えたいのだろうか。日本語がかなり不自由に思えたので、ルビ付きの手紙を送った。2回目に送られてきた手紙には、以下の文章が記載されていた。

「返事ありがとうございます。東日本入国管理センターにはもう1年6か月で長期間入国管理センターの中にいて勉強をしたいと思ってでも学歴が足りません。高校を取りたいのですが、どうしたらいいのでしょうか。ＮＰＯ法人にも手紙を書いていますが、私のような外国人の為に日本の学校でイジメにあって学校をやめて行かなくなりまして高校いってからいずれ 大学でも受けるのは夢でした。勉強もついていけなかったこともありました。今現在は人生は一生勉強だと分かりました」。

この2回目の手紙を受け取った時には、一度面会に行ってみようという気になっていた。実は、不思議なめぐりあわせを感じていた。最初の手紙を受け取った少し前に、「人の国際移動」をテーマとする授業で「扉をたたく人」という映画を学生たちと鑑賞した。アメリカを舞台に、心を閉ざして孤独に暮らし、毎年同じ授業を繰り返し行い、忙しくもないのに「忙しいふり」をしていた大学の老教授が、ふとしたことからシリア出身の青年およびその恋人と出会う。シリアの青年は〝ジャンベ〟というアフリカ発祥の太鼓の奏者であり、この太鼓に魅せられた教授はこの青年からジャンベを習い始め、いつしか2人は心を通わせていく。しかし、2人で地下鉄を利用する際に無賃乗車と間違われた青年は、職務質問で「不法滞在者」であることが発覚し、そのまま入管施設に収容されてしまう。責任を感じた教授は、何とか青年を救おうと奔走する。連絡がつかなくなった息子を探しに来た母親、そして恋人も、「ジャンベとともに音楽を楽しんで生きていきたい」という素朴な願いの青年の無事を祈る…。母親は言う。難民申請が認められなかった後、自分のミスで息子を「不法滞在者」にしてしまった。しかし、当時は、「不法滞在者」でも特段の不自由なく生活することが出来た。何年も安定した生活を送ってきたし、問題になることもないと思っていた。しかし、9・11以後、「不法滞在者」に対する取り締まりが急に厳しくなった…。

手紙を返すことや会いに行くことには、若干の不安もあった。全く知らない人間から手紙をもらっただけで不用意に対応すると、厄介な問題に巻き込まれないかという不安である。しかし、日本に暮らす外国人のことに関心を向けてきた人間が、自分に直接投げられたメッセージを無視することはあってはならないと思った。この人にどのように向き合うかは、会ってから考えればいい。言葉のことも含め、いくつか質問したことに対する回答が、3回目の手紙に書かれていた。

「拝啓　田巻　松雄様へ。はい、1年6か月収容されています。はい、分かります。NPO法人に手紙を書きましたけど、まだ返事がありません。あたしはいつでも面会が出来ます。ぜひ一度直接会って話をしたいですね。日常会話には特に問題はありません。そうですね、時々むずかしい日本が出ると分からない時がありますので念の為、△△語が話せる方にお願いします。日本には1998年2月1日に来日してからそうですね20年になりました。トータルでもう20年ですね。私は刑事事件をおこし法律にふれるようなことしてしまい反省しています。しかし、なかなか東日本入国管理センターから出来るだけ早く出たい気持ちはありますが、入管はなかなか出しません。私は、いつ出られるか分かりませんが、いつか出られると信じています。はじめは、東京入国管理局にいたのですが、仮放免がダメになり、こちらに移送されました。それからずーっとここにいます。品川には2016年10月27日にはいり、東日本入国管理センターには、2017年2月10日に来ました。乱筆乱文多謝にて失礼致します。敬具」。日本語での日常会話に問題はないと書かれていたことを受け、面会に行った。2018年5月25日のことであった。

東日本入国管理センターへ行ったのは初めてである。係員の案内で入った面会室は、アクリル板を介して面会者と被収容者が話をする構造になっている。面会時間は30分以内となっているが、どんな30分になるのか想像がつかなかった。なかなかTは現れない。どんな人物なのか、「刑事事件をおこし……」という文面も頭をよぎった。結構緊張していたと思う。

Tは30歳であった。10歳の時に、日系人の両親とともに日本に来て、20年になる。日系人ならば、定住者や永住者の在留資格を持っているはずで、なぜ「不法状態」になったのかと聞くと、刑務所服役中に在留資格を失ったという。中学校は数か月で不登校となり、その後少年院に入院。少年院入院中に中学校を卒業したという。両親と弟さんが日本で暮らしている。在京△△総領事館が東日本入国管理センターに差し入れした本(日本語と△△語の学習辞典)を見ていて、巻末に田巻の氏名と連絡先があったので、思い切って手紙を書いてみたと語る。この本は、自分が代表者を務めるHANDSプロジェクト(外国人児童生徒教育支援事業)が刊行した『中学教科単語帳日本語⇕△△語』であった。HANDSが刊行した単語帳を見て自分の連絡先を知ったこと、これにもまた不思議なめぐりあわせを感じた。Tは穏やかな表情をしていた。目も優しそうであった。日本語でゆっくり話す話からは、やり直しや学び直しを切望していることが伝わってきた。

30分の面会で知り得たことは僅かである。しかし、この面会でTの20年を調べたいとの気持ちが確実に芽生えた。この1つの理由は、Tが外国人児童生徒に特有ともいえる転落パターンを経験したと感じたことかもしれない。外国人児童生徒が不登校に陥り、非行・犯罪に走る事例が結構あることは、著作や論文等で報告されている。印象的な1つの事例は、教師の何気ない言葉が外国人生徒を不登校にさせてしまった事例である。日本語が良く分からず、勉強もついていけず、仲の良い友達も出来ず、学校生活になじめなかった外国人生徒に対し、ある教師は「外国人の子どもには就学義務はないから、無理して学校に来なくてもいいんだよ」という趣旨のことを言ったという。この生徒はこの言葉を真に受けて不登校になり、その後非行・犯罪に走った。ふとしたきっかけで不登校になるし、不登校は時に反社会的行為を生み出す大きなきっかけをつくるのである。

転落パターンを経験したと思われるTの事例を丁寧に整理検討することで、外国人児童生徒教育問題や何らかの事情で「不法滞在者」になった人々の背景や事情を具体的に描くことが出来るという研究上の関心はもちろんあった。Tの事例に向き合うことで見えてくる様々な疑問に答えていく研究がとても重要なものに思えた。そして、Tのような状態に陥ってしまった人間と出会った自分が、その人間に対してどのように向き合っていくのかという課題を自分に課したかった。

「もうよいのではないか」

茨城県牛久市にある東日本入国管理センターに収容されているTと出会って、約1年が過ぎた。10数回面会に行った。10数回手紙のやりとりをした。昨日（2019年6月4日）届いたレターパックには、手書きで書かれた400字詰め原稿用紙40枚が同封されていた。母親には3度、父親には1度お会いした。東京地方裁判所と東京高等裁判所で争われた裁判記録は何度か読んだ。裁判でTの弁護を担当した弁護士とも数回お会いした。このような1年を経て、今の心境を一言で言い表すとすると、「もうよいのではないか」となる。入管施設での収容は約2年に及ぶ。日本の社会で学び直したい、やり直したいというTの希望を叶えてあげてもよいのではないか。仮放免という形で家族と一緒に暮らせるようにしてあげてもよいのではないか。

コンビニ強盗という悪質な行為をして捕まり7年の実刑判決を受けた事実は消えない。不登校になって以降素行不良な仲間たちと集団でバイクの盗みなど非行を繰り返し、2度少年院に入った事実も消えない。しかし、これらの事実はいつまでTの人生を縛ってよいものだろうか。そして、そもそもTを不登校や非行・犯罪に走らせたものはなんだったのだろうか。

Tは、10か月の刑期を残して仮釈放されている。仮釈放は社会復帰に向けて更生に努めたことが評価された者に与えられる恩恵である。「仮釈放が決まり、お父さんとお母さんが迎えに来てくれると思っていたら、入管の職員が来てそのまま入管施設に連れていかれた」。Tは服役中に「定住者」の在留資格の更新申請をしたが、認められずに「不法滞在」の状態になっている。「不法滞在」になってから、4年10か月ほど服役を続けている。日本人であれば、刑事責任を果たせば、社会復帰の機会が与えられる。しかし、服役中に「不法滞在」になってしまったTは、社会復帰の機会を与えられていない。そして、Tは、入管施設に収容されることを全く知らされていなかった。仮釈放されたその日に入管施設に連れられていったTは、その時どのような心境だったのだろうか。

入管施設は、「不法滞在者」を本国あるいは第三国に送還するための収容施設であり、送還が目的であるがゆえに、社会復帰に向けたプログラムなどは一切ない。運動の自由や部屋から出られるある程度の自由はあるが、長時間部屋で過ごさなければならない環境である。親孝行したい、弟の面倒がみたい一心で繰り返し申請してきた仮放免申請は、すべて認める理由がないという理由で却下されてきた。そのような環境の中で、Tは、「いつになっても出られないのではないかという不安」にかられながら、一途の希望を頼りに日本語や法律の勉強をしている。

Tのこれまでの生活を規定してきた要因は、家庭や学校の環境、個人の性格、人間関係、居場所、矯正施設や入管法の在り方など様々であろう。私は、Tと出会ったことによって、実に様々なことを考えさせられた。本書は、Tという1人の外国人に焦点を当てて、かれの生活を規定してきた諸要因の意味と課題を個人の側から問い直していく試みである。

Tの個人情報を研究目的で使用することについては、口頭及び文面でTから同意を得ている。

Tに関する記述は、面会記録、手紙、裁判関連資料に、Tの母に関する記述は、ご自宅での2度の面談記録と裁判関連資料によっている。個人情報に関する部分は、△△△と表記した。またTからの手紙等を掲載した箇所は、原則原文のままとし、一部筆者が修正した。

出入国管理及び難民認定法と略称である入管法、法務省入国管理局(2019年4月から法務省入国管理庁に改編)と略称である入管の表記を適宜使い分けている。

目次

第1章

Tの日本での20年

1　おおよその軌跡

Tは、1988年1月10日に日系人として南米の1国で生まれている。Tの祖母と祖父が日本人である。Tの父は、本国での仕事が思うようにいかないため、日本に出稼ぎに行った日系人の姿を見て出稼ぎを決意し、1991年9月に初来日した。静岡県浜松市のオートバイ工場で3年間勤務した。この時は単身での来日で、3年間の勤務の後、本国に帰国している。

Tの父は、帰国後たばこ屋を営むがうまくいかなかったらしく再来日を決意、妻とTを連れて、1998年2月に来日した。Tは、この時10歳であった。Tは日本の小学校に4年生で編入した。Tは、現在31歳で、茨城県牛久市にある東日本入国管理センターに収容されている。2019年7月現在、父（57歳）、母（52歳）、弟（12歳、日本生まれ）の3人の家族が日本で暮らしている。

Tの日本での約20年の軌跡を簡潔にまとめれば、以下のようになる。

- 1998年2月1日、10歳、名古屋空港に到着し、名古屋入国管理局名古屋空港出張所入国審査官から、在留資格「定住者」、在留期間「1年」の上陸許可の認印受けて上陸。
- 1998年4月1日、Y市立小学校4年生に編入。10歳。
- 1999年11月、在留期間3年とする在留期間更新許可。11歳。
- 2001年4月1日、12歳、Y市立中学校入学、同年9月頃に不登校。13歳。
- 2002年2月、在留期間3年とする在留期間更新許可。14歳。
- 2003年10月頃、多数回の恐喝及び窃盗の非行事実により少年院に入院。15歳。

・２００４年11月頃、少年院仮退院。16歳。
・２００５年２月、在留期間３年とする在留期間更新許可。17歳。
・２００５年３月１日、現住建造物放火、器物破損及び窃盗及び占有離脱物横領の非行事実により、少年院に送致する旨の審判を受け、同月４日頃、少年院に再入院。17歳。
・２００６年12月18日頃、同少年院を仮退院。18歳。
・２００７年12月13日、在留期間１年とする在留期間更新許可。19歳。
・２００９年３月16日、在留期間３年とする在留期間更新許可。21歳。
・２００９年７月27日、永住許可申請を行うが、２０１０年１月22日不許可処分。21歳。
・２０１０年５月27日、強盗の被疑事実により逮捕、同年12月１日、強盗、建造物侵入、窃盗及び強盗未遂の罪により懲役７年の有罪判決を受け、同月16日頃、刑務所に入所。22歳。
・２０１２年１月６日、原告の代理人として、原告父がＴの在留期間更新許可申請を行うが、同月30日、不許可処分。22歳。
・２０１２年、在留期間更新許可又は在留資格変更許可を受けることなく、最終在留期限である２０１２年２月１日を超えて不法残留。22歳。
・２０１６年９月26日、関東地方更生保護委員会は、原告の仮釈放を許可し釈放日を同年10月27日に指定する旨決定。26歳。
・２０１６年８月10日、東京入国管理局の入国審査官は、刑務所内において、Ｔに係る違反審査、Ｔは、同日、特別審査官による口頭審理を請求。26歳。
・２０１６年８月31日、特別審査官は、刑務所において、Ｔにつき口頭審理、Ｔは、同日、法務大臣に対し、異議の申出。26歳。

・2016年9月13日、法務大臣から権限の委任を受けた東京入国管理局長、異議の申出に対し、異議の申出には理由がないとの採決を通知。26歳。

・2016年10月25日、主任審査官、Tに対して退去強制令書を発付。26歳。

・2016年10月27日、入国警備官、刑務所において、退去強制令書を執行し、Tを東京入管収容場に収容。26歳。

・2017年3月10日、入国警備官、Tを入国者収容所東日本入国管理センターに収容。28歳。

・2017年4月24日、T「退去強制令書発付処分取消等請求事件」起こす。29歳。

・2018年1月25日、判決(東京地方裁判所民事第51部)。T敗訴。30歳。

・2018年2月9日、T「退去強制令書発付処分取消等請求控訴事件」起こす。30歳。

・2018年6月28日、判決(東京高等裁判所第2民事部)。T敗訴。

・2019年7月現在、東日本入国管理センター被収容中。

2 不登校、非行

Tは、小学校では、日本語と母語ができる同じ国出身の日系人児童と出会い、その子に勉強や日本語を教えてもらった。授業でも週1回、国語の時間にTの出身国の児童だけ集めて行われる日本語の授業があった。Tは1年ほどして日本語で日常会話はできるようになったという。Tは、小学校の時、親の仕事の都合で2回転校している。2回目の転校は、6年生の2学期であった。

Tは2001年4月に日本の中学校に入学するが、数か月で不登校になっている。「私は、2001年9月初め頃に中学に行かなくなり、そのまま中退しました。中学校へ行かなくなった理由は、勉強についていくことができず悪いことばかりしている悪い友人らと一緒に遊ぶのが楽しかったからでした」（「審査調書」2016年8月10日）。

Tは、不登校になって以降は、「悪い友人」らと非行を重ねている。まず、Tはバイク等の盗みで4回、警察に逮捕され、家庭裁判所で保護観察処分を受けている。そして、Tは、14歳のとき、バイクの盗みで逮捕され、少年院に入院した（2003年11月頃）。Tは、少年院に1年間入院し、入院中の2004年3月に中学校の卒業証書を取得した。Tは少年院を仮退院後（2004年11月）実家に戻り、パン屋に就職するが1週間で辞めている。

Tは、仮退院半年後の2005年3月に「現住建造物放火、器物損壊、窃盗及び占有離脱物横領の非行事実」により、少年院に再入院した。現住建造物放火は、警察の駐在所に放火したものである。Tは、2006年12月18日に少年院を仮退院した。この後、実家に戻り、ホテルの清掃、車の部品を作る工場での労働、とび職、スナック従業員等の仕事をした。

3　犯罪、服役

Tは、2009年10月ころから2010年5月にかけて同国人3人や日本人と共犯で強盗と窃盗を繰り返す。1人の同国人Cとは2008年4月頃、車の部品を作る工場で知り合い、少年院に入院していた経験を共有したこともあって仲良くなった。あとの2人とはCの紹介で知り合った。Tは、２０１０年５月27日に、強盗未遂１件、強盗３件、窃盗６件の被疑事実により逮捕され、同年12月16日に刑務所に入所した。求刑は９年であったところ、裁判官は、前科がないことや若いこと等、酌むべき事情も認められるとして、懲役７年の実刑判決を言い渡した。

４　定住者から「不法滞在者」へ

Tの家族は、２００９年７月27日に永住許可申請をしているが、２０１０年１月22日に永住不許可の結果となった。この時点で、Tの「定住者」の在留期間は２０１２年２月１日までとなった。Tの服役中の２０１２年１月に父親がTの在留期間更新許可申請を代理申請で行うが認められず、この結果、Tは、２０１２年２月１日に刑務所内で「同日を超えて不法滞在」となり、「定住者」から「不法滞在者」（退去強制対象者）となった。Tは、「不法滞在」状態で、４年半ほど服役を続けた。

５　仮釈放

２０１６年８月12日に関東地方更生保護委員会は、10カ月の刑期を残して、Tの仮釈放を決定した（仮釈放日は10月27日）。仮釈放とは、施設に収容されている人を収容期間満了前に仮に釈放して更生の機会を与え、円滑な社会復帰を図ることを目的とした制度で、刑事施設等からの仮釈放、少年院からの仮退院等がある。仮釈放の検討時期としては、一般に服役から刑期の８割が過ぎた頃が目安と言われる。Tの場合、服役から９割近くが過ぎた段階で仮釈放が決定された。

Tは、２０１６年10月25日に退去強制令書が発付されたことを受け、２０１６年10月27日、仮釈放されたその日に、退去処分の執行により東京入国管理局に収容された。そして、Tは、２０１７年3月10日に東日本入国管理センターに移送された。

6　裁判

Tは、２０１７年4月24日に、処分をした行政府（東京入国管理局長、東京入国管理局主任審査官）を相手に「退去強制令書発付処分取消等」を請求する行政裁判を起こした。Tは、原告に在留特別許可を付与しなかった採決につき、裁量権の範囲を逸脱し又はこれを濫用した違法があるなどとして、本件の採決及びこれに基づく本件の退令処分の取消しを求めたのである。本裁判は、東京地方裁判所と東京高等裁判所で争われたが、いずれも原告敗訴であった（高裁結審は２０１８年6月28日）。Tは最高裁への控訴はしなかったため、裁判は終了した。

7　収容

外国人は、収容令書、あるいは退去強制令書によって収容される。収容令書が収容期間を最大60日とするのに対し、退去強制令書は、収容期間の上限がなく、長期収容を可能とする。Tは、２０１７年3月10日に東日本入国管理センターに移送されたので、２０１９年7月時点ですでに2年を超えている。

センターに収容されている者を一時的に放免する仮放免制度というものがある（「収容されている者について、病気その他やむを得ない事情がある場合、一時的に収容を停止し、一定の条件を付して、例外的に身柄の拘束を解くのが仮放免制度である」）。Tは、繰り返し仮放免申請を行ってきたが、すべて却下されている。Tは2019年7月段階で7回目の仮放免を申請中である。

8　Tの願い

Tは、ぐれてしまったことをとても後悔している。そして、Tの願いは、日本に残ることである。「私は刑事事件をおこし法律にふれるようなことをしてしまい反省しています。しかし、なかなか東日本入国管理センターから出来るだけ早く出たい気持ちはありますが、入管はなかなか出しません。私は、いつ出られるか分かりませんが、いつか出られると信じています」(手紙)。Tの話や手紙には、「家族」と「高校」がよく出てくる。「いちばんつらいことは、家族と会えないことですよ。つらいことがあったときは家族のことを思う。そうすると、乗り越えなくちゃと頑張れる。30年間自分を見守ってくれたお礼に、ここを出たら、今度は自分が頑張る」。こんなふうになってしまった自分を家族は見捨てなかったことに感謝しているという。

「ずっと見放さずにいてくれた家族に会いたい。家族が一番つらいと思う。親孝行したい。母は優しい人。毎週日曜日は母親と電話している。父は厳しい人。しかし、頭を下げて謝ったら許してくれた。入国管理センターから出たらおうちに帰ってきなさいと言われた。両親とは1年4か月くらい会っていない。東京にいた時に会いに来てくれた。両親は牛久にも来ようとしたけど、道を間違えたりして来られず非常に落ち込んでいたようだ。今は、母が病気で、医者からは自宅で安静にするように言われているようだ。そのため、車で来ることも、また電車など公共交通機関で来ることも難しいと言っていたそうだ。父親が1人で働いている。弟は中学1年生。弟とは1年8か月くらい会っていない。弟には同じ過ちを繰り返してほしくないので、仮放免できたら話して、伝えたい」(手紙)。

Tは、面会で「仮放免が許可されたら、高校や大学に通いたい。高校や大学に通うことは小さいころからの夢だった」と語った。手紙でも、その想いが綴られている。「今現在は人生は一生勉強だと分かりました」。「一日でも早く出てて、勉強を続けたいです」。「高校も、日本に在留出来ることも、ゆういつの私の希望です」。そして、「日本のように長い間収容している国は他にない。身近な事としては、同じ部屋のメンバーが2人続けて仮放免になった。自分自身や周りの人達にとって希望の見えることだ。もっと、多くの人にこの現状について知ってほしい。こういう外国人が多く収容されていることを多くの日本人は知らないと思う。だから知ってほしい」と語る。

9　Tの今後

退去強制令書発付処分取消等を請求する裁判が原告敗訴で結審したことを受け、Tが東日本入国管理センターから出る道は2つに限られる。1つは、仮放免であるが、これまですべて不許可になっている現実を踏まえると、同じような内容で申請しても結果は厳しいであろう。もう1つは、帰国することである。帰国することを決め、帰国前に家族に会いたいというような理由で仮放免を申請するのであれば、許可される可能性もあると思われる。しかし、帰国すれば、「犯罪を犯して1年以上の懲役または禁錮に処せられたことのある者（政治犯罪を除く）」の上陸拒否期間は「無期限」であるというもう1つの冷酷な現実が待ち受ける。つまり、Tは原則日本にはもう戻ることができない。Tの家族が20年の大半を日本で過ごしてきた定着性とTの母が現在病弱であること等を踏まえると、Tの帰国は家族の断絶を現実にしてしまう可能性は極めて高い。いや、そもそも、約20年日本で過ごし、言葉・文化・人間関係の面で遠くなってしまいすでに母国ともいえない国で、Tは果たして生きていけるのだろうか。

10　小括

窃盗、放火、強盗、2度の少年院、刑務所、「不法滞在」。Tの20年には、暗くて重い言葉がずらりと並ぶ。窃盗罪は、他人の財物を窃取する罪で、刑は10年以下の懲役である。強盗罪は、暴行・脅迫をもって他人の財物を強取し、または財産上不法の利益を得、もしくは第三者にこれを得させる罪で、刑は5年以上の懲役である。窃盗罪と強盗罪の違いは、暴行又は脅迫を用いたのか否かという点にある。他人の見ていない隙にその者の財物を奪い取ったら窃盗罪であるが、相手に暴行を加えたり脅迫をして反抗を抑圧した上で財物を奪った場合には強盗罪が成立することになる。放火罪は、不特定多数の命、身体、財産を損なう危険性があるため、場合によっては殺人罪と同等の罰則が科される重い罪である。人のいる建物へ放火を行えば現住建造物等放火罪となる。

Tは10歳の時に来日し、小学校4年生へ編入した。Tは小学校では楽しそうに学校に通っていた、と母は言う。そんなTが非行や犯罪に走ったのはなぜだろうか。少年院や刑務所はTにとってどんな場だったのだろうか。Tの更生を阻んだものは何だったのだろうか。これらの問いを念頭に置き、Tの20年をより詳細に追っていく。

第2章

不登校、非行、少年院

「Tは日本と△△△（本国）のどちらが自分の拠り所となるのか分からない状態で、日本語も母語も満足にできず、悪いことをする友人グループ以外に居場所がなかったのかもしれません」

1 来日

Tは、1998年に両親に連れられて日本に来た。10歳で、小学校4年生に編入した。Tは、日本に来た時の心境を「仕方なく、ついてくるしかなかったが、そのうち、日本を好きになっていった」と語る。治安が良く、安心に暮らせたことが大きいと言う。Tの母も、日本に行くことが夢だったため、とても嬉しく思っていましたと語っている。母によると、最初は数年間で本国に帰るつもりで来日したが、息子のTが日本での生活を楽しんでいるようでもあり、日本に残ることにした。

「Tは来日当初、日本語を全く話せませんでした。（母国の）△△△語も少し知っていましたが、実はあまり話しをする子ではありませんでした。軽い吃音症があったためかもしれませんが時々言葉につまることがありました。そのため少し話す面では大変だったと思います。でも、小学校には、楽しそうに元気に登校していました。Tが編入した小学校には、ブラジル人やペルー人の子も何人かいました。Tは学校に通ううちに少しずつ日本を好きになっていったのでないかと思います」（母）。

小学校で、Tは、同じ日系3世のW（同級生）と出会う。Wは、日本語と母語の△△△語が出来たため、勉強や日本語を教えてくれた。授業でも週1回、国語の時間に△△△人だけ集めて行う日本語の授業があった。Tによると、1年ほどで日本語で日常会話が出来るようになり、日本人の友だちもできた。他の1人の同国人は、担任の先生に暴行を受けていた。日本の先生は怖いとの印象を受けた。仲間外れにもあったし、友だちと喧嘩することもあったが、小学校では特段大きな問題に直面することはなかった。ただ、2回の転校は、友だちづくりを難しくした。2回目の転校は6年生の2学期であった。Tは、「文化も言語も全く異なる日本に来て、すぐに3回も小学校を転校（筆者注：転校は2回、3つの小学校を経験したという意味）したのですから、周囲と馴染むことが出来ず、仲間も出来ない状態で、中学にそのまま進学した」と語っている（「陳述書」2010年11月11日）。

家族関係でも特段問題はなかったようである。「まず、最初に息子が帰ってきていて、わたしたちが帰って来る頃にはもう彼はもう家にいました。夜ご飯は一緒に食べていました。ただ、当時遅くなってしまうことが何度かありました。仕事の時間帯はバラバラで、当時は残業も行わないといけなくて、時々遅くなってしまうことがありました。彼は小学校の時まではとても勉強が好きで学校も休まない子でした。私たちに一回も手をかけさせるようなことはありませんでした」（母）。

2 不登校から非行へ

Tは日本の中学校に入学するが、数カ月で不登校になっている。勉強についていけなかった、友だちが出来なかった、いじめがつらかったことが原因だった、と振り返る。一緒に中学校に入学する仲の良い友だちがいなかったことも関係しよう。「中学校へ進みましたが、学校の授業についていけず、学校に友達もいなかったことから、1年生の2学期から学校に行かなくなりました。私は日本の学校では友だちがおらず、すごく寂しかったのです」（「供述調書」7頁）。

「日本人の同級生や先輩からは、いっぱいいやなことをされました。ひどいときには、血がいっぱい出るまで殴られました。（同国）の△△△人は暴言を吐いたりです。日本人と一緒にいるだけで暴言を吐く等辛い日々がありました」（手紙）

「中学生の時、いじめにあった。日本人だけでなく同じ国の人たちからもいじめにあった。…担任の先生には相談が出来なかった。…両親には言いたかったけど、相談しなかった。…そのころ、悪い仲間に出会い、ゲームセンターや『決まった店』などにたむろするようになった。その悪い仲間たちは、仲間同士でけんかやいじめなどはしなかった」。

学校生活を楽しめず、学校から疎遠になっていく過程と悪い仲間との出会いは重なっていたと思われる。「中学校からいじめが起こりました。中学校に入ってから状況が変わりました。彼の状況は本当に中学校に入ってから変わりました。私たちは、中学校に盗みをしたり、バイクを盗んで暴れる子どもたちがいるということを本当に知らなくて、不登校になるまでそのような交友関係があったことは知りませんでした。また私の息子も知らなかったのではないかと思います。なので、彼が中学校に入った時に周りのその子どもたちが彼の行動を左右していたのではないかと思います。その悪い仲間は日本人の不良グループでした。彼らと関わる危険性なども何もわかっていないような子だったため、『僕は日本に住んでいるから彼らのいうことを聞いて従わないといけないんだ』と息子は思っていたのではと思います。多分私の息子は彼らに、親にバレないようにするために学校にいる時間帯に悪い行動をするように言われたと思います。私と夫はその頃仕事ばっかりだったため、次第に息子の異変に気づかなくなっていきました。そのため彼が学校をやめると言うまで、何も状況を理解できていませんでした」（母）。

「息子は私たちにそのような友人がいることを知られるのを怖がっていました。彼らのような不良グループと関わっていると知られたら父に怒られると知っていました。そのためそのような友人たちと一緒にいるということを私たちには言いませんでした」（母）。

「彼が学校に行かなくなる時まで彼の振る舞いは完全に変わっていました。その不良グループに入り浸っていたからかそれともずっと友人といたかったからなのかとても変わってしまっていました。なので不登校になったと知った時にはとても大きなショックでした。私も夫も何が起きているのとびっくりしていました。彼は私たちに何も言っていなかったからです」（母）。

「学校へは２、３回ほど行きました。先生はとても心配していて、『何が起こっているのですか？』と聞いていました。でも私としては、先生は心の底ではなんとなく息子がなぜ学校に来ていないのか知っていたのではないかと思います。なぜならその不良の少年たちも同じクラスと他のクラスにいたと思うからです。また学校外にも友人たちがいて外部から学校内の子どもたちと関わっている子どもたちがいたからです。先生も知っていたはずです。でも学校では誰も何も私たちに教えてくれませんでした。そのため同じ学校に通っているペルー人の親からそのことを知りました。彼女の息子もそのグループに入っていたからです」（母）。

Ｔは、不登校になる前に担任の先生・両親と何度か相談している（Ｔが通訳をした）。当初は両者とも学校に行かなくなることに反対していたが、両親は次第に「無理しなくてよい」と態度を変えた。担任の先生は、「将来のことを考えると自分が困りますよ」と最後まで反対していた。

当時の状況をＴは、以下のように語る。「中学校へ行かなくなった理由は、勉強についていくことができず、悪いことばかりをしている悪い友人らと一緒に遊ぶのが楽しかったからでした。中学校へ行かなくなった後の生活についてお話します。私は、悪い友人たちと、盗んだバイクを乗り回すなどして遊んでいました。私は、13歳のとき、悪い友人たちとバイクの部品やさい銭を盗んだことで、警察官に逮捕され、K裁判所において、保護観察処分を受けました。その後も、14歳のとき悪い友人らとバイクを盗んだことで、2回、警察に逮捕され、2回、K家庭裁判所で保護観察処分を受けました。さらには、15歳のとき悪い友人らとカツアゲしたこととシンナーを吸ったことで警察に逮捕され、K家庭裁判所において保護観察処分を受けました。そして、16歳くらいのとき（筆者注：ここは事実誤認で正確には15歳の時）、バイクを盗んで警察に逮捕され、A少年院に入院することとなりました。保護観察中であったにもかかわらず、犯罪を繰り返した理由は、犯罪の誘いを断ることで一緒に遊んでいた悪い友人たちから嫌われたくなかったですし、遊ぶ金が無くて困っていたからでした。私は、警察の捕まる度に両親から怒られていましたが、当時、反抗期でしたので、両親から言われたことを受け入れることができませんでした」（「審査調書」9–10頁）。

不良グループと付き合いはじめて、Tの性格も変わっていった。「中学校に入ると様子が全く変わりました。不良グループとつるむようになり性格も変わったように反抗的になった。物を投げたりはしなかったがイラつきやすくなっていた。私はその理由を知りたかったが、彼は教えてはくれなかった」（母）。

3 少年院

Tは、2003年10月、15歳の時、多数回の恐喝及び窃盗の非行事実により少年院に入院した。

少年院は、主として、家庭裁判所が保護処分として少年院送致の決定をした少年を収容し、矯正教育を行う法務省所管の施設である。２０１８年4月1日現在、全国に51庁（分院６庁を含む）が設置されている（『平成30年版 犯罪白書』）。少年院は、在院者の特性に応じた適切な矯正教育その他の健全な育成に資する処遇を行うことにより、改善更生と円滑な社会復帰を図ることを目的とする。少年院における処遇の中核となるのが矯正教育であり、在院者には、生活指導、職業指導、教科指導、体育指導及び特別活動指導の５つの分野にわたって指導が行われる。入院から出院までの流れを簡潔に記しておくと、処遇の段階ごとに教育目標の達成度について評価を行い、進級の可否を決定する進級制度が取られている。進級制度は、３級（自己の問題改善への意欲を喚起する指導）、２級（問題改善への具体的指導）、１級（社会生活への円滑な移行を図る指導）の３級制度で、１級へ進級した者が出院の対象となる。

Ｔの場合、保護観察を受けている中で非行を繰り返し、少年院に送致された。Ｔが入院した少年院は、１９７７年６月に「義務教育未修了者を対象とする教科教育課程を開始」した少年院で、２０１５年6月、新少年院法施行により、義務教育課程Ⅰ・Ⅱ及び社会適応課程Ⅰ・Ⅱを実施する少年院と定められた。Ｔの入院時の処遇を記録などで確認することは出来ないが、日本語が不自由であったことから、「外国人等で、日本人と異なる処遇上の配慮を有する者」として処遇されたと思われる。長期処遇を実施しており、教育期間（収容期間）は平均で1年程度といわれる。Ｔが暮らしていた県には少年院はない。Ｔが入院した少年院は、Ｔの実家から列車で数時間かかる地域にある少年院である。少年院のパンフレットから矯正教育や1日の生活等を整理しておこう。

１日の生活は以下の通りである。

7時：起床・洗面・身辺整理・清掃、7時40分：朝食・休憩、8時20分：朝のホームルーム、9時10分：朝礼・午前日課（教科指導、職業指導、新入時教育等）、12時：昼食・休憩、13時10分：昼礼・午後日課（特定生活指導、クラブ活動、体育・運動等）、17時：夕食・休憩、18時：身辺整理・内省・日記記入、19時：自主計画活動等、20時：余暇（テレビ視聴・学習等）、21時：就寝。

教科指導としては、基礎を重視した教科指導、高校受験希望者に対する補修教育、高等学校卒業認定試験に係る教育が行われている。職業指導では、中学校卒業者に対する職業指導と職業指導の一環としての資格取得に向けた指導が行われている。２０１８年の資格取得状況は、危険物取扱者試験（丙種・乙種４類）31人、珠算検定16人、日本漢字能力判定43人、ＣＳ技能試験（ワープロ３級）13人である。主な年間行事として、卒業証書授与式、観桜会、サッカー大会、プール開き、水泳大会、運動会、ソフトボール交流会、祭等がある。

Ｔは、少年院での生活を以下のように振り返っている。「少年院での生活に少しですが、書こうと思います。平成15（２００３）年10月頃に少数回の窃盗の非行事実により初等に入院しました。A学園での生活は、あのころはまだ15歳の時ではじめての彼女とは連絡が途絶えてしまい、自然消滅しました。もう寒い秋頃でした。昼の時間が短くて、夜の時間が長かったです。朝は8時起床ですぐに清掃と洗面、朝の点検を受けてから8時30分頃、朝食だったと思います。朝食を食べ終えた後は9時頃から学校です。国語を1時間くらいでしたけど日本国語はしょうじき言ってむずかしかったです。わかっていたかと言うとわからなかったです。取り出し授業はなくぜんぜんわかりませんでした。それでも1年間頑張りました。11時に学校は終わりですけど、寮に戻るんですけど、12時に昼食です。13時からは、剣術の明治以後の呼称。面・籠手・胴・をつけ、竹刀を用いる。また、剣術をもって心身の鍛錬をすること。…資格を取ることもありましたけれど、当時の私にはとても難しかったので取れませんでした。…茶道を1回だけですけど習いました。運動は30分くらいだけやってから最後に入浴で夕食や夕食前に日記を書く時間もありましたけど日本語がわからなかった私には、はじめは1行ずつでした。先生に小学校用の国語辞典を言ってかりることが出来たので日本語沢山分かるようになりました。18時から19時までは、自分で学習する自習学習がありました。はじめは日本語がわからないから大変でした。何回何回先生に聞きに行ったことやらわかりません。数え切れないくらい何回も日本語の意味を聞きにいきました。…19時からは自由時間ですけど、話をすることは、一切私語禁止という厳しいルールがありました。自由時間はテレビを見るんですけど、自分で見たいテレビ番組が見られず決められた番組を見るというかんじでしたのでこれまた厳しいルールのもう一つでした。テレビは一日毎日2時間だけしか見ることが出来ませんでした。テレビ21時の10分前までで最後の10分でみんなでおやすみなさいして一日が終わりです。もう一つ厳しい決まりをおもいだしましたが、『よ・さ・ね』(筆者注：『…よ、…さ、…ね』のような語尾に「よ・さ・ね」を使うことの禁止）言葉禁止もありました。出所する最後の運動会と思っていたのですが、特になにもなく一回だけの懲罰のみですけど、強く感じて心に残ったものは、最後の運動会で出所することだったし、翼が生えたのかわからないけど、最後のことだったので、運動会の掛け声で『気合い入れていこうぜえー』と行ったことが印象的でした。私はリーダーじゃないですけど運動はいつも一番だったので運動の時は最後ということもあったので先生の指名で選ばれました。旗もち最後は高得点で勝ちました」(手紙、一部修正)。

以上の文面や面会時の表情から、Tにとっての少年院での生活は、厳しい生活ながらも基本的に楽しい生活だったように思われる。「日本語がわからなかった私」という表現や日本語で書く日記に最初の頃は1行しか書けなかったことから日本語の読み書きの能力はまだ非常に低かったと思われるが、「数え切れないくらい何回も日本語の意味を聞きに行った」こと等から、日本語を学ぼうとする意欲が伝わってくる。また、「気合入れていこうぜえー」と叫んだ当時のTは、集団生活の中で、ある意味自分なりの居場所を感じていたのではないかと思われる。

4　少年院仮退院後の生活

Tは、２００４年11月頃に少年院を仮退院し、両親が住む実家に戻った。仮退院とは、少年の少年院での処遇段階が最高段階に達し、審査の結果、仮退院を許すのが相当であると認めるときや、仮退院させることが改善更生のために特に必要であると認めるときに行われる処遇である。仮退院は、地方更生保護委員会の権限であり、その許可にあたっては、少年院内における本人の成績や、本人の帰住予定先の環境、保護者の受入態勢などについて保護観察所の行なった調整の結果などが考慮され、主査委員が本人に直接面接した上で、その許否が決せられる。少年院に収容された少年の大半が、この仮退院を経て出院している。２０１７年における少年院の出院者は2、４７５人であり、このうち2、４６９人(99・８%)が仮退院によるものであった(『平成30年版 犯罪白書』)。

仮退院した少年は、保護観察に付されることになる。保護観察は、少年院の仮退院者等に、社会生活を通じて社会復帰を目指させる措置である。国家公務員で専門知識を持つ「保護観察官」と、ボランティアの「保護司」が面接などを通じ、生活状況を把握する。少年の保護観察期間は原則、2年間または20歳までとなっている。

母は、保護観察官のＩさんが何度も保護観察のために家に来て、「昔の悪い友だちとつきあってはいけない」、「あまり外出しないで家で勉強しなさい」と励ましたり、アドバイスしていたことをよく覚えている。

Ｔは、少年院を仮退院後３か月くらいして、ハローワークでアルバイトを探し始める。元々モノ作りが好きで、いつかパン屋さんを開けたらいいかもと思ったため、パン屋に就職した。しかし、「朝早く起きることができなかったことなど」（「審査調書」10－11頁）で１週間で辞めている。Ｔの母は、当時の状況を以下のように語っている。

「パンを作る工場で働いていました。（１週間で辞めたのは）朝が早いことも関係していますが、一番の理由は悪い友人たちでした。彼らが息子をほっておかなかったのです。彼がパン工場で働いていると知りながらも、私の家に押しかけて息子と遊びに行くために息子を探しに来ていました。ドアを叩いて『Ｔ君はどこだー!!』と毎日のように朝も夜も私の家に押しかけてきて、悪夢のようでした。（２階の）窓からも入って来ていました。でも息子は働いていたのですよ？　そんなことをされていたら仕事中も落ち着かないじゃないですか。彼は仕事をすることに問題はないのです。ちゃんと仕事もできていました。しかし、パン屋さんを辞めたのは深夜３時までその不良少年たちと遊んでおり、朝起きられなかったからなのです。結局は夜友だちと遊ぶために辞めたと思います。…悪い友人たちの言うことを断れないのです。悪いことだとわかっていてもちゃんと断れないような子だったのです」（母）。

Ｔは、パン屋を辞めた後、仕事を見つけることができず、また、悪い友人らと遊んで生活するようになる。この実態について両親は気づくのが遅かった。「その当時、仕事で残業が多かったこともあり、気づけなかったのです。遅くに帰って来ていたので、友だちといるだろうなとは思っていましたが、まさかそれが今までの悪い友だちで、また悪いことをしているとは思っていませんでした」（母）。

5　少年院再入院と仮退院後の生活

Tは、2005年3月1日、家庭裁判所において、現住建造物放火、器物破損及び窃盗及び占有離脱物横領の非行事実により、少年院に送致する旨の審判を受け、同月4日頃、少年院に再入院した。少年院仮退院後わずか数か月後のことであった。建造物放火について、Tは、「日本人2名と面白半分にガソリンをまいて放火してしまった」と振り返っている。

Tが2度目に入院した少年院は、「反社会的な価値観・行動傾向があるなど、非行の程度が深い少年」、「外国人等で日本人と異なる処遇上の配慮を要する少年」、「16歳未満の受刑者」等を対象とする少年院である。外国人少年の収容や、少年院収容受刑者（16歳未満で実刑判決を受けた少年）の収容に対応している。外国人少年を対象とする処遇課程は2003年に設置されている。2015年の新少年院法施行により、第1種（社会適応過程Ⅱ、同課程Ⅲ）、第2種（社会適応過程Ⅳ、同課程Ⅴ）、第4種（受刑在院者課程）の指定を受けた。

職業指導では、①職業生活設計指導（社会人としての基礎マナー、事務処理能力、パソコン操作能力）、②自立援助的職業指導（陶芸科、木工科、サービス科）、③職業能力開発指導（OA科、危険物取扱者・締固め用機械運転特別教育・高所作業車特別教育・フォークリフト運転特別教育、日本語ワープロ検定等の資格取得講座）が行われている。

２０１９年6月訪問時では、国際科に属する外国籍の入院者は5人で、中国人3人、ネパール人1人、コロンビア人1人であった。「国際科では、外国人等で日本人と異なる処遇上の配慮を有する在院者に対し、日本語教育、日本の文化・生活習慣等の理解を深めるとともに、健全な社会人として必要な意識、態度を養うための各種の指導を行っています」(パンフレット)。

Tは、この少年院について以下のように振り返っている。「一人部屋でした。もう一人、△△△の方もいましたけど出所していきましたので、今どのようにして生活しているのかわからないです。私は、2-3か月の新入訓練をしてあとに、陶芸を陶芸科で習いました。何か月かしたら、OAを習いに行きました。日本語がわからないのことで日本語に不自由でしたので、すごくもう勉強をしました。今でも覚えてますけど、『みんなの日本語』を使いました。ノートパソコンの使用が出来たので毎日日本語の勉強をした。1年以上たったあと日本語が上達して日本語レベルの上がって1年間勉強をしたかいがありました。なぜならば、平成18（２００６）年7月21日頃にフォークリフトの資格ともう1つの資格の獲得が出来ました。高所作業車運転資格取ることも出来ました。すごくうれしかったです。何がうれしかったかというと、達成感がありました。『目標を達成する』という達成感ですね。日本語はこの時で7級を受けたのが最後でした」(手紙、一部修正)。

Tは、2度目の少年院に約1年半入院し、２００６年12月に仮退院した。仮退院後は両親の実家に戻った。２００７年1月にホテルでの清掃の仕事を見つけた。休みがなく朝もつらかった、家族と過ごす時間がないので辞めたいと思いつつ、仕事を続けた。9か月ほどホテルで働いた後、他により良い条件の仕事が見つかった。車の部品を作る会社での工場勤務であった。この会社では、月に20万円程度の給料がもらえた。この間、Tは、駐在所への弁償金月5、０００円を自分で払い、家に毎月11万円入れている。しかし、２００8年4月頃、「この会社は、自動車の部品を下請けで製造したのですが、大手メーカーの経営状態が良くなくて、バッタリ注文が来なくなり、私達外国人労働者が大量に解雇されてしまったのです」（「陳述書」２０１0年11月11日）という理由で、Tは解雇される。約7か月の勤務であった。

母親は、Tのもう1つのアルバイトについて覚えている。「もう1つは、多くの若い子たちが行くようなダンスクラブのような場所でのアルバイトでした。そこを辞めた理由は、悪い人たち（やくざのような）が出入りするようになり、その人たちがお酒を飲んで暴れ出したりし始めたからと言っていました。実際に殴られたかは聞いていませんが、殴られる恐れが出て来たから辞めたのだと思います。その悪い人たちがお酒を飲んで壁をぶん殴るようになっていたから危険性を感じて辞めたのだと思います。いずれも日本人だったと思います」（母）。

6　小括

Tのように日本語も含めほとんど何もわからない状態で学齢期に日本社会に投げ込まれる移民第2世代の場合、大半は極めて大きな不安を抱えての生活となる。Tの場合、中学校入学後間もなく、勉強が分からない、友だちが出来ない、いじめを受けるなどの理由で学校に行かなくなるとともに、日本人の不良集団に入っていく。学校にも家庭にも居場所を見出すことが出来なかったTは、日本人の悪い友だちとの集団行動に唯一の居場所を見出していった。「Tは日本と△△（本国）のどちらが自分の拠り所となるのか分からない状態で、日本語も母語も満足にできず、悪いことをする友人グループ以外に居場所がなかったのかもしれません」（母「陳述書」２０１7年9月1

日、３頁）。

Ｔは最初の少年院での生活を「1年頑張った」と振り返っている。中学入学後数か月で不登校になったＴにとって、少年院は日本語をはじめ諸々のことを学ぶことができる貴重な場であったことは間違いない。仮退院後パン屋に就職したことも、Ｔの更生意欲を表すものであろう。しかし、Ｔは悪い友だちからの誘いを断ることが出来ず、再び非行を繰り返していく。日本人の不良グループが執拗にＴを連れ出しに来た当時のことを、母は「悪夢」という言葉で語っている。日本語がわからない両親が日本人不良グループと話をすることは、言語的にも困難であったであろう。

Ｔが唯一の居場所であった悪い友だちとの交友関係を断ち切ることは容易でなかったと言える。Ｔは、悪い友だちから嫌われて友だちを失ってしまうことへの不安と何をされるかわからない恐怖があったことを、再三語っている。

２度目の少年院仮退院後のＴの生活を見ると、ホテルの清掃と工場勤務をしていた1年数か月は安定していた。仕事も休んでいないし、反社会的な行動もしていない。この事実を踏まえると、Ｔの労働意欲や労働力が低かったとはとても言えない。不運は、好条件だった工場の仕事を外国人労働者のリストラという形で突然失ってしまったことである。これ以降、Ｔは職を転々とすることとなる。

Ｔが入院していた少年院を含む３つの少年院を訪問した際、強く感じたのは、手厚い保護と丁寧な教育が行われているということであった。しかし、一方で、真面目に矯正教育を受けた少年が学んだことを社会で活かせず、再非行に走ってしまうケースがある。『平成30年版　犯罪白書』によると、２０１３年の少年院出院者の再入院率（少年の出院者のうち、一定の期間内に新たな少年院送致の決定により再入院した者の人員の比率）は、２年以内で10・５％、５年以内で15・１％となっている。

第3章
実刑判決と「不法滞在」

「もっと、両親の言うことを聞いていればよかったと思います。私は悪い仲間からの悪い誘いを断ることができませんでした。もっと強い気持ちをもって、悪い誘いを断ればよかったと反省しています。私は、悪い仲間からの誘いを断ったら後で何をされるかわからないという恐怖と、友だちを失ってしまうという気持ちがあったのです」

「仮釈放が決まり、お父さんとお母さんが迎えに来てくれると思っていたら、入管の職員が来てそのまま入管施設に連れていかれた」

1 強盗

２００８年4月に工場を解雇された後、Tは職を転々とした。日本語が流暢ではない中卒の外国人少年が職を探すことは難儀であったと思われる。「平成20（２００８）年5月ころから平成21（２００９）年の4月ころまでは、ちゃんとした仕事は見つからないものの、たまに汚れた作業着で家に帰って来ていた時もありましたので、その頃は何か自分でアルバイトを探していたと思います」（母「供述調書」２０１０年6月1日）。

２００８年9月にはリーマン・ショックが起き、日本経済は大きな打撃を受けた。リーマンショック以降の南米日系人の大量解雇により、日系人のハローワークの来所者数は、ピーク時には前年同期比20倍となったと言われるほど悪化した。

Tが失業した数か月後に、不運が重なって、長年勤務していた会社を父も解雇されている。父は、毎日のように仕事を探すが、不況の影響で働き口が少なくなり、日本語の読み書きが出来ないことと年齢制限があるとのことで、しばらく失業状態が続く。Tは、それまで月に2、０００円～

３、０００円の小遣いをもらっていたが、父が失業した後は、親から小遣いをもらうことはなくなった。経済的に困っていたTを支える経済的余裕が家にはなかった。

２００９年５月、仕事も安定せず、両親からも厳しく言われて嫌になり、Ｔは事実上家出状態になる。ブラブラしているところをヤクザに拾われ、掃除や食事の用意などをして時々小遣いをもらう生活を数か月続ける。携帯電話のプリペイドカードを買うことも出来ないような経済状態であった。そんな折、２００９年10月にＴはＣから電話を受ける。

Ｔは、先の工場で同国人のＣと出会っている。「工場で、同じく少年院を出た経験のある同国人に出会った。似た境遇を経験していたことで、彼に親近感や嬉しさのようなものを感じ、仲良くなった」。

「被告人Ｃ、被告人Ｄ及びＮは、平成21（２００９）年10月５日、Ｃ方において、包丁で店員を脅して１００万円を奪うというニュース映像をインターネットで見て、生活費等にあてるため、一緒にコンビニエンスストアで強盗をやろうと話し合った。Ｃは、仲間が多い方が店員を脅して金を奪いやすいと考え、Ｄ及びＮに、Ｔを仲間に加えようと持ちかけたところ、両名が賛成したため、Ｔに電話をかけて強盗に誘った」（「冒頭陳述調書」２０１０年10月14日）。

「Ｃから電話があって、『Ｃの家に遊びに来ないかと？』という誘いがあり、…Ｃの家に遊びに行きました。その時、Ｃの家にはＤが既におり、３人で一緒に、面白半分にパソコンを使ってユーチューブでコンビニ強盗などの映像を何件か見たのです。そのなかで強盗犯人が大金を奪い取っても誰が犯人か分からないニュースがあり、それを見て、ひょっとしたら自分たちで強盗をすれば簡単に成功して大金を手に入れることができるのでないかと思うようになってしまったのです。今回事件を起こした4人は誰もがお金が無くて困っており、今日・明日どのようにして生きていくのか分からない状態であったのですから、お金がなくて困っている者同士が話をすると、お金欲しさのために、何でも強盗をしさえすれば必ずうまくいくという思い込みだけが強く、計画実現のために綿密に練り上げることもありませんでした」（「陳述書」２０１０年11月11日）。

狙う店はCらが決めていた。２００９年10月６日未明、Tら3人はインターネットで見た強盗の映像に影響を受けて、翌日強盗を試みた。自分たちも強盗をすれば成功するのではないかという単純な思い込みに基づく衝動的な犯行だったと言えよう。この時は、店員に通報されて、失敗に終わっている。しかし、Tら数名は、この失敗に懲りずに、その後翌年5月まで3度（２０１０年１月、3月、5月）の強盗事件を起こすことになる。

Tは、２０１０年3月に知り合いの紹介を通じてフィリピン女性と知り合う。この出会い以降、「真面目に生活したい」という思いが強くなっていったようである。Tは、5月2日の4回目の強盗には参加したものの、Cからの5回目の強盗の誘いに対しては断っている。地元で仕事を探せないなら東京へ行って仕事を探そうと決心し、Tは家を出る。当初は東京で仕事を探すつもりだったが、フィリピン女性が北関東に引っ越したことを知り、彼女を訪ね、泊めてもらって仕事を探し、建設作業員の仕事を得た。5月25日には、Tは電話で母に、「お母さん良い知らせがあるよ」、「今は仕事をしているよ。東京の近くの現場で仕事をしている」、「他の人と一緒に住んでいる」と告げている。Tは、その2日後に、2人でレストランで食事中に警察に逮捕される。

「もっと、両親の言うことを聞いていればよかったと思います。私は悪い仲間からの悪い誘いを断ることができませんでした。もっと強い気持ちをもって、悪い誘いを断ればよかったと反省しています。私は、悪い仲間からの誘いを断ったら後で何をされるかわからないという恐怖と、友達を失ってしまうという気持ちがあったのです」(「口頭審理調書」２０１６年8月31日、7−8頁)。

２　実刑判決

２０１０年5月、Ｔは、強盗未遂事件1件、強盗3件、窃盗6件の被疑事実により逮捕された。強盗4件(未遂1件)が同国人と共犯で起こした犯罪である。検察側は、「年若く、勤労により生活費等を稼ぐことが十分可能でありながら、金に困るや車上荒らしや強盗を決意したその安易かつ短絡的な犯行時に酌量すべきものは微塵もない」として懲役9年を求刑した。

弁護側は、十分な教育を受けられなかったことや失業によって収入が閉ざされたことが本件事件に深く関わっていること、4件の強盗事件ではいずれも中心的役割を果たしたのはＣであったこと(Ｔは、もともと携帯電話のプリペイドカードを購入する資金すらなく、Ｔから積極的に強盗を呼びかけることは不可能であった)、およびＴが本件事件を深く反省し更生意欲も高いこと等を挙げ、寛大な刑を求めた。Ｋ地方裁判所は、「生活費や遊興費に窮し、安易に本件各犯行に至ったものであり、その動機に酌量の余地はなく、被告人の刑事責任は重い」としたうえで、「第1の強盗は未遂に終わっていること、窃盗の被害品の一部は被害者に還付されていること、被告人は、本件各犯行を認め、被害者に対して謝罪文を送付するなど深く反省していること、22歳と若年であり、これまで前科がないこと、被告人の実母が公判廷で今後の監督を誓っていることなど被告人のために酌むべき事情も認められるとして」、求刑9年のところ、懲役7年を言い渡した(「判決文」２０１０年12月16日)。動機は「安易」とされているが、犯行に至った動機や経緯に関する具体的な言及はない。

刑務所とは、法律に違反した犯罪者が裁判の結果有罪となり、実刑判決（懲役刑や禁固刑など）を言い渡された場合に収容される国立の刑事施設である。少年院は、少年の更生を目的とし、矯正教育を受けさせることを主とした更生施設であるが、刑務所は罪の償いを行うべき場所、刑を執行する場所、すなわち刑罰を受けるところとなる。刑事事件を起こしてしまい、起訴され裁判で有罪判決を受ける場合、刑罰は「生命刑」「自由刑」「罰金刑」の3つに分かれる。このうち、自由刑は、罪を犯した者の身柄が拘束される刑罰となり、具体的には「懲役」「禁錮」「拘留」となる。「自由刑」は刑務所や拘置所などの刑事施設に罪を犯した者が収容され、移動や生活を大幅に制限する刑罰で、自由が制限されるために「自由刑」と呼ばれる。刑事施設に収容されると、基本的には刑期を終えるまで自分の意思で移動することはできない。「懲役」とは、受刑者が拘置され所定の作業、いわゆる刑務作業が科せられる刑罰である。刑務作業は、受刑者の勤労意欲を高め、職業上有用な知識および技能を習得させるという目的で行われるもので、1日8時間、週に5日間となり、拒否することはできない。

刑務所は、刑罰を受ける施設であるが、受刑者を更生をさせるための更生プログラムも組まれており、出所後に再犯を起こさないよう様々な取り組みが強化されてきたと言われる。ある関係者は、ここ10–15年で刑務所の性格は大きく変わったと言う。つまり、「受刑者の更生および健全な社会復帰」も刑務所の大きな目的の1つで、刑罰を受けさせるためだけでなく、矯正施設としての役割も担っている。また、かつては移動の時には軍隊のような行進をさせ、身体チェックの時には全裸にさせられるなど、人道上の問題が少なくなかったが、近年このような状況は大きく改善されていると言われる。

Ｔが入所した刑務所は、男性受刑者を収容する刑務所で、執行刑期が10年未満で犯罪傾向が進んだ者（Ｂ指標受刑者）、日本人と異なる処遇を必要とする外国人（Ｆ指標受刑者）、禁錮判決を受けたもの（Ｉ指標受刑者）を収容している。２００１年から「日本語を解する外国人受刑者の収容」が開始されている。

Ｔは、７年の実刑判決が下されたことに愕然《がくぜん》としながらも、一方で、「救い」や「再生のチャンス」を感じたようである。「７年の実刑判決が下されたときの気持ちは目のまえが真っ暗になりました。ところが、この真っ暗な７年に実刑判決が本当は救いだったんです。何が救いなのかは、普通人間にはわかりません。なぜなら私の再生の人生は、この逮捕から始まったのだからです。神様が今現在もそうだけれどもここにいることや７年の実刑判決を決めたと思います。私はそう考えています。７年の実刑判決を認めていなかったら、今の自分がいないと」（手紙）と語っている。「今警察にパクられて（逮捕されて）からすでにスタートしていたことに最近思います。今現在も、逮捕されて良かったと思います。旧約聖書のエゼキエル書33章11節こうある私は悪人が死ぬのを喜ばない。かえってその悪人が態度を悔い改めて、生き直すことを私は喜ぶ。立ち帰れ、立ち帰れ、お前の悪しき道から」（手紙、一部修正）。

Ｔはまた、「刑務所では、しっかり働き、しっかり勉強もしました」と語る。「ミシンでの縫製作業でポーチやサポーター、自動車のチャイルドシートに乗っている赤ちゃんに、シートベルトが食い込まないようにする『セキュアフィット』という商品の制作に携わりました。また、木材や金属製の部品にサンダー（ヤスリ）をかけたり、ドライバーやタッカー（鋲打ち機）を使って作業もしました。椅子や門扉、水道の蛇口の部品、新幹線の部品などの制作にも携わりました」（「陳述書」2017年10月4日）。

Tは、悪い仲間との関係や悪い行為を、頭では辞めようと思っても出来なかった自分に対して、刑務所は「再生のチャンス」を与えてくれたと捉えていたように思われる。

3 服役状況と仮釈放

関東地方更生保護委員会は、2016年8月12日にTの仮釈放を決定している。「本件仮釈放を許可する。釈放の日を平成28（2018）年10月27日に指定する。…この決定により仮釈放される場合の仮釈放中の保護観察における特別順守事項を1 共犯者との交際を断ち、一切接触しないこと。2 暴力団関係者との交際を断ち、一切接触しないこと。と定める。」（「決定通知書」）。また、付記事項（2）その他の参考事項には、「できる限り、引受人等又はそれに代わる者の出迎同伴のもとに帰住させること」と記載されている。約10か月の刑期を残した段階での仮釈放の決定であった。

服役している受刑者の仮釈放を審理・決するのは矯正施設ではなく、法務省所管の地方更生保護委員会と保護観察所である。関東地方更生保護委員会は、さいたま市に置かれ、都10県（東京都、神奈川県、埼玉県、千葉県、茨城県、栃木県、群馬県、静岡県、山梨県、長野県及び新潟県）を管轄して、仮釈放等を許すか否かに関する審理等をおこなっている。仮釈放、仮出場及び仮退院並びに保護観察等に関する規則の第31条には、矯正施設内での本人の生活歴、心身の状況、犯罪または非行の原因および様態、出所後の居住地の環境、将来の生活計画等の内容を考慮して総合的に判断し仮釈放の許否が決められると定められている。第32条（仮釈放許可の基準）では下記の通りとなっている。・悔悟（かいご。今までの悪行を悟り、悔いること）の情が認められること、・更生の意欲が認められること、・再犯の恐れがないと認められること、・社会の感情が仮釈放を是認すると認められること。

Ｔの服役状況はどうだったのだろうか。

Ｋ刑務所が２０１５年２月に作成した「懲役受刑者Ｔに係る服役状況調査票」には、以下のことが記載されている。「懲罰の有無　５回」、「服役中の動静　規律違反行為を繰り返す等、作業及び改善指導に対する意欲が乏しい」、「性格　自己顕示欲が強く、カッとなりやすい部分がある」。また、東京入国管理局長からＴの懲罰状況（懲罰回数、懲罰を受けた年月日、懲罰の内容及び理由）に関して照会されたことを受け、２０１７年６月16日にＫ刑務所長が回答した「照会書に対する回答について」には、６回の懲罰状況が記載されている。回数、年月日、懲罰内容、理由順に示す。

1　平成23・6・6　閉居罰7日　怠役（正当な理由なく工場への出業を拒否したもの）
2　平成23・9・8　戒告　不正洗濯（水を不正に使用したもの）
3　平成24・1・26　閉居罰7日　怠役（正当な理由なく工場での就業を拒否したもの）
4　平成24・4・16　閉居罰10日　物品不正授受（物品を不正に譲り渡したもの）
5　平成26・6・9　閉居罰15日　けんか（居室内において同衆とけんかしたもの）
6　平成26・8・28　閉居罰7日　不正洗濯（許可なく衣類等を洗濯し、水を不正に使用したもの）

閉居罰とは、刑事収容施設法に規定されている、受刑者に対する懲罰の1つで、30日以内（20歳以上で特に情状が重い場合は60日以内）の間、居室内で謹慎させ、その間、自弁の物品の使用、宗教上の儀式行事への参加、書籍等の閲覧、面会、親書の発受などを禁止する罰である。Tは、6回のうち5回、閉居罰を課されている。ちなみに、上記の「懲役受刑者Tに係る服役状況調査票」と「照会に対する回答書」は次章で取り上げる裁判で、被告側（東京入国管理局長、東京入国管理局主任審査官）が、Tは「真面目に服役していたとは言えない」ことを主張した際に言及した資料である。「原告は、K刑務所に服役中、懲罰を6回受けている上、『規律違反行為を繰り返す等作業及び作業指導に対する意欲が乏しい』とされており、真面目に懲役に服していたとは言えない」（「答弁書」２０１７年7月6日、21頁）。

Tは、懲罰を受けたことについて、以下のように語っている。「刑務所で6回懲罰を受けましたが、そのうちの3回は、私が悪いことをしたのが懲罰の理由ではなくて、部屋の中の人間関係がうまくいっていなかったために部屋を変わりたくて、担当の方と相談して、部屋を変わるために懲罰房に行くという形をとらざるを得ず、私もそれにしたがって懲罰を受けた、というものでした。また、不正洗濯での懲罰というものもありましたが、これは私が、石鹸を使ってタオルを洗ってはいけないという刑務所のルールに反してタオルを洗ってしまったことが原因です。また、けんかというものもありますが、これは相手が私を殴ってきたので、仕方なく防戦したというものです。このように、懲罰といってもいずれも軽いものですし、懲罰を受けた回数も、刑務所の中では少ない方です」（「陳述書」２０１７年10月4日）。

刑務所勤務の経験があり現在少年院に務めている人によると、居室や工場労働における集団生活での人間関係に耐えられなくなった人間が、意図的に就業を拒否して閉居罰を受ける場合があるという。閉居罰が終了した後に元の集団に戻しても再度就業を拒否することが想定される場合は、別の集団に配置されることとなる。Ｔの怠役は、このようなケースであったと思われる。

元関東更生保護委員会調整指導官は、仮釈放について、以下のように語っている。「更生保護委員会は、基本的には、刑務所とか少年院に入っている人たちの仮釈放とか、仮退院を審査・審理する機関ということになります。刑務所服役者については、刑務所長から仮釈放の検討依頼が来てから、こちらで検討を始めるという流れになります。調整指導官の仕事は、面接などをして、仮釈放検討対象者の服役状況を調べることにあります。我々は調査結果を報告し、３人の委員による合議体が審査・決定します。最低限服役しなければならない時間というのは決められているので、少なくともそれを超えた後から仮釈放についての検討が始まります。７年の実刑判決が出て、10か月残して仮釈放されているということは、基本的には刑務所の中でやってきたいろいろな更生プログラムに対する本人の努力が認められたんだと思うんですね。仮釈放が認められないで、満期まで服役というケースは結構あります。国の方の調書に服役中に6回程注意を受けて、必ずしも真面目ではなかったという記述があるとのことですが、規律違反の内容にもよりけりで、色々なことで注意は受けるんですね。本当に懲役の作業を拒否するものから、たまたま同囚に自分の食べ物あげちゃったとか、千差万別なレベルまであります。悪質なものから軽微なレベルまでですね。同囚から喧嘩をあおられて買ってしまうとかね、そういうこともよくあります。ただ、仮釈放をもらえること自体が、本人の努力が評価された結果と考えて良いでしょう。仮釈放されるには、いくつか法律の中で基準があるので、そこがクリアできていたということだと思うんですね」（２０１９年5月23

日）。

4　仮釈放から入管施設へ

一般的に、仮釈放は、更生の機会が与えられたことを意味する。しかし、Tの場合は、更生の機会は与えられなかった。「不法滞在者」に対する退去強制手続きが取られ、仮釈放された２０１６年10月27日当日に東京品川の入管施設に収容されたからである。Tは、「定住者」の在留資格更新申請が認められず、２０１２年2月1日に刑務所内で「同日を超えて不法滞在」となり、「定住者」から「不法滞在者」となっていた。

出入国管理及び難民認定法は、第24条において、「次の各号のいずれかに該当する外国人については、次章に規定する手続により、本邦からの退去を強制することができる」として、退去強制の対象となる外国人を定めている。Tに関しては、以下の2つが関係する。「ロ　在留期間の更新又は変更を受けないで在留期間を経過して本邦に残留する者」と「リ　昭和26（１９５１）年11月１日以後に無期又は1年を超える懲役若しくは禁錮に処せられた者」。

退去強制とは、上陸拒否事由に該当する外国人を日本の領土内に入れないこと、また、上陸後に日本社会の秩序や出入国の管理の秩序を乱すなど、日本国にとって好ましくないと認められる外国人に対して日本からの退去を強制することである。入管法違反が発覚すれば、退去強制手続きが開始される。一般的な流れとしては、違反調査（入国警備官による調査）→違反審査（入国審査官が退去事由に該当するか否か審査する）→口頭審理（特別審査官が行う、審査の結果不服がある場合は法務大臣に対して異議申し立てを行う）→法務大臣の裁決→送還となる。ただし、この退去強制手続きの中に、在留特別許可制度が位置づけられている。法務大臣は、異議の申出に理由がないと認める場合でも、その容疑者の日本への在留を特別に許可することができるとされる。この法務大臣の在留特別許可は、法務大臣の裁量（恩恵的措置）によって決められる。

Ｔの場合、２０１０年12月６日（実刑判決が下された５日後）に東京入国管理局入国警備官によって、「リ」に関する違反調査が行われている。そして、２０１２年５月23日（「不法滞在」になった３か月後）には、「ロ」の該当容疑についての違反事件が立件されている。

２０１６年８月10日には違反審査が行われ、法２条４号「リ」及び「ロ」該当容疑が認定され、通知された。関東地方更生保護委員会が、Ｔの仮釈放を決定したのは、この２日後である。入管法第62条「通報」では、地方更生保護委員会は、外国人が刑の執行を受けている場合、当該外国人について仮釈放の許可決定をしたときは、直ちにその旨を通報しなければならない、と定められている。この通報義務が定められたのは、仮釈放に当たって、入国管理当局による収容令書又は退去強制令書の執行が確実に行われるようにするためとされる（『出入国管理及び難民認定法　逐条解説　改定第四版、９３０頁』）。

Ｔは、違反審査で、事実に誤りがないことは認めるも、この認定に従うことを拒否し、口頭審理を請求する。「認定に従えば△△に帰国しなければならないことは理解しました。しかし私は、今後も日本での在留を希望しますので、認定に従うことは出来ません。本日この場で口頭審理を請求します」（「審査調書」２０１６年８月10日、16頁）。

２０１６年８月31日には口頭審理判定が行われた。「容疑者が退去強制対象者である旨の入国審査官の認定は誤りがない」。Ｔは、同日に異議申立てを行う。「判定通知書を受領し、理解したうえで、判定には服さず、異議の申出をします」（「口頭審査調書」２０１６年8月31日、13頁）。Tは、異議申出書に不服の事由として以下のことを書いている。「私自身10歳のころから日本で生活しています。母国語がほとんど話せないのと少し話せてもほとんど理解できないので生活が出来ないのと△△に帰るのが不安でなりません。とても心配です。両親は20年ほど日本に住んでいて、△△△には家族と知り合いがほとんどいません。△△△には家も仕事もありません。どうか私に日本でもう一度生活が出来るように最後のチャンスを下さい。真面目に一生懸命に努力して仕事もちゃんとします。今回の事は本当にごめんなさい。日本に残るのが私の夢です」（「異議申出書」２０１６年8月31日）。

しかし、２０１６年9月13日に、東京入国管理局長は、「異議の申出に理由がない」、すなわち退去強制事由に該当する旨の採決を行い、東京入国管理局主任審査官に同採決を通知している。その裁決通知書は、同年10月25日に出された。「あなたからの異議の申出については、東京入国管理局長から理由がないと裁決した旨の通知を受けましたので、通知します」。そして、退去強制令書が同日に発付された。

入管法63条2では、退去強制令書が発付された場合の刑事手続きとの関係について、「前項の規定に基づき、退去強制令書が発付された場合には、刑事訴訟に関する法令、刑の執行に関する法令又は少年院若しくは婦人補導院の在院者の処遇に関する法令の規定による手続きが終了した後、その執行をするものとする。ただし、刑の執行中においても、検事総長又は検事長の許可があるときは、その執行をすることができる」と定められている。やや長くなるが、この点についての解説を確認しておこう。

本来、刑事司法作用と行政作用はそれぞれが別個の作用であって、相互に干渉しないのが原則である。しかし、現実問題としては、外国人の退去強制事由の多くがそのまま刑事事由とされていること、刑罰法令に違反して一定の刑に処せられた者等が退去強制事由とされていることなどの事情から、この2つの作用が競合する場合がある。特に双方が強制力により身柄を拘束してそれぞれの目的を実現しようとする場合の競合については、合理的に調整される必要がある。…本項は、刑事訴訟に関する法令等の規定により身柄が拘束されている外国人に対して退去強制令書が発付された場合の同令書の執行はこれらの刑事手続きが終了した後にすること、検事総長又は検事長の許可があれば刑の執行中においても同令書の発行が出来ることを定めたものである。…この規定は、…妥当なものと考えられる。すなわち、退去強制手続きは、収容及び送還部分を除き、刑事手続きによる身柄の拘束でも進めることができ、退去強制令書の執行は、刑の執行の終了等その身分の拘束が解かれた後でも入国管理当局においてその身柄が継続して確保されれば可能であるのに対し、刑罰権の実現はひとたび被疑者が国外に退去強制されてしまうと極めて困難となるからである（『出入国管理及び難民認定法 逐条解説 改定第四版』９３３−９３７頁）。

上記規定は、刑事手続きにより退去強制対象者の身柄が拘束されている場合には、原則として、刑事手続きによる身柄の確保が収容令書及び退去強制令書の執行に優先することを明らかにしたものである。Ｔの場合、２０１６年10月25日に退去強制令書が発付され、仮釈放が決定されたことで刑の執行に関する法令による手続きが終了した２０１６年10月27日に、退去強制が執行され入管施設に収容された。刑事法令罰に対して刑事責任を果たした後、直ちに退去強制手続きによる収容が行われた。

5　小括

「刑務所7年の事件だったんだけど、頑張って6年2か月で10か月早く外に出られるかと思えば残念ながら外には出られずにそのまま入管につれていかれましたので、それからもう2年になろうとしています」（手紙）。Tによると、仮釈放について知らされたのは、釈放日の3日前だったという。「通常、仮釈放が決定されれば、釈放日の1－2週間前には知らされる。Tの場合は収容が見込まれていたので直前まで知らされなかったのではないか」（元関東更生保護委員会調査官）。Tは、仮釈放される日に入管施設に収容されるとは知らされていなかったとも語る。「仮釈放が決まり、お父さんとお母さんが迎えに来てくれると思っていたら、入管の職員が来てそのまま入管施設に連れていかれた」。

重大犯罪を犯し20年の実刑判決を受けた外国人が、刑務所服役中1年目で在留資格の更新時期を迎え、更新申請をするが不許可となったとしよう。この時、検事総長や検事長の許可が出て、退去強制手続きが取られ、当該外国人が帰国したとすると、「刑事責任を果たさないで帰国するとはけしからん」と誰でも思うだろう。このような例を思い浮かべると、刑事手続きによる身柄の確保が原則として退去強制手続きに優先するとの考え方は分かりやすい。ただし、刑事責任を果たすことは、社会復帰が前提されて初めて意味をもつ。Tは、「不法滞在」状態で4年半以上刑務所に服役した。Tが「しっかり、頑張った」と振り返る服役中の時間の意味はどのようなものと捉えられるのだろうか。刑務所は、「受刑者の更生および健全な社会復帰」のための場という性格を強めてきたと言われるが、Ｔの場合には、法的面での「合理的な調整」によって、実質上、制裁の意味しかなかったものとなっている。

第4章

行政訴訟——何がどのように裁かれたのか

「仮に原告が△△に送還されることになれば、原告と両親・弟とは互いに引き離され、家族が分裂してしまう。のみならず、原告は、幼少期しか過ごしたことのない△△において、家族の支援なしに、生活をしなければならないのであって、現実的には安定した生活をしていくのは相当困難である。このように、本件判決によって損なわれる利益が甚大であることは明らかである。その一方で、原告に対して在留資格を認めないことについて、保護される国の利益は存在しない」

1　行政訴訟

入管法24条は、刑罰法令違反者のうち、「無期又は1年を超える懲役又は禁固の実刑に処せられた者」を退去強制の対象とすることを定めている。Tは、２０１０年12月に懲役7年の実刑判決を受けている。また、入管法24条は、「在留期間の更新又は変更を受けないで在留期間を経過して本邦に残留する者」を退去強制の対象とすることを定めている。Tは、刑務所服役中の２０１２年２月１日に刑務所内で「同日を超えて不法滞在」となっている。以上の２つの退去強制事由で、Tは退去強制の対象となった。そして、退去強制手続きが取られる中で、在留特別許可は認められず、Tは入管施設に収容され、今日に至っている。

在留資格をもたずに在留している外国人が、在留資格を取得するためには、在留特別許可を認めてもらうしかない。Tは、日本に残りたい一心で、２０１７年4月24日に、Tに対して在留特別許可を付与しなかった裁決について、裁量権の範囲を逸脱し又はこれを濫用した違法があるなどとして、本件の裁決及びこれに基づく本件退令処分の取消を求める行政訴訟を起こした。

T（原告側）の請求は、以下の2点であった。

1　東京入国管理局長が2016年9月13日付で原告に対してした出入国管理及び難民認定法49条1項に基づく異議の申立ては理由がない旨の採決を取り消す。
2　東京入国管理局主任審査官が2016年10月25日付で原告に対してした退去強制令書発付処分を取り消す。

判決は、東京地方裁判所、東京高等裁判所とも原告側の敗訴となった。東京高裁の判決は東京地裁の判決のほぼ追認であるため、以下では、東京地裁での原告、被告、裁判所の主張を見ていくこととする。

今回のような退去強制令書発付等取消請求訴訟についての裁判では、原告に対して在留特別許可を与えるべきか否かが改めて問われるのではなく、在留特別許可を与えなかった被告側（国、東京入国管理局）の処分が裁量権の逸脱または濫用であったか否かが問われる。

2　原告側の主張

請求の原因としては、「原告は人生の大半かつ人格形成期にあたる時期を日本で過ごし、家族も全員日本におり、退去強制事由に形式的に該当するからといって原告を国籍国に返すことが相当とは考えられない」ことなどがあげられた（「訴状」2017年4月24日、1頁）。そして、本件判決の違法性について、①在留特別許可に係るガイドライン（2006年10月、2009年7月改定）及び②比例原則に照らせば、裁量権の逸脱ないし濫用が明らかであると主張された（同上、3頁）。

ガイドラインは、在留特別許可の許否の判断に当たり、考慮する事項として法務省入国管理局が策定したものである。原告側は、Tの場合、積極要素が消極要素を上回ると主張した。すなわち、原告側は、Tの場合、ガイドライン上の「その他の積極要素」である「当該外国人が、本邦での滞在期間が長期間に及び、本邦への定着性が認められること」及びTが帰国せざるをえなくなれば家族の決定的な分断が生じることは必須なため、「その他の人道的配慮を必要とする特別な事情があること」に該当することを主張した。

「原告は、日系人である父親とその配偶者である母親とともに日本に移住してきたものであって、文字通り子どものころから日本で育ち、現在もまだ29歳と若いが、その人生の半分であり、かつ、10歳頃から現在までという人格形成期にあたる時期を日本で過ごしてきたものである。原告の家族、すなわち原告の両親と弟は、いずれも日本で生活しており、△△△に帰国する予定はない、原告の家族は適法に日本に滞在し、日本で努力して生活の基盤を築いているのであり、仮に原告が△△△に帰国せざるを得なくなれば、家族の決定的な分断が生じる」（同上、4頁）。消極要素に関しては、刑罰法令違反の事実は軽いとは言えないが、「凶悪・重大犯罪」（ガイドライン上の「特に考慮すべき消極要素」）と評価すべきではなく、また、すでに刑事責任を十分に果たしたというべきであると主張された。

比例原則については、本件判決によって損なわれるTの利益が甚大（家族の分断や本国で生活していくことが相当困難であること等）であるのに対し、Tに対して在留資格を認めないことによって保護される国の利益は存在しないこと、つまり、本件判決によって損なわれる利益と得られる利益を比較すると前者が後者を大きく上回ることが明らかだという点から、裁量権の逸脱ないし濫用があると主張された。「仮に原告が△△に送還されることになれば、原告と両親・弟とは互いに引き離され、家族が分裂してしまう。のみならず、原告は、幼少期しか過ごしたことのない△△において、家族の支援なしに、生活をしなければならないのであって、現実的には安定した生活をしていくことは相当困難である」(同上、6頁）。

退去強制令書発付等取消請求訴訟において、原告側は、一般には、国際人権規約や条約、ガイドライン、比例原則の視点から裁量権の逸脱ないし濫用を問う。今回は、ガイドラインと比例原則の視点が重視された。

3　被告側の主張

まず、過去の最高裁判決（1978年10月、マクリーン裁判等）から、「在留特別許可は、法上、退去強制事由が認められ退去させられるべき外国人に恩恵的に与え得るものにすぎず、当該外国人には申請権も認められていないこと」(「答弁書」2017年7月6日）が確認される。そして、在留特別許可の要件が具体的に示されていないのは、法務大臣に極めて広い裁量権が認められているからであるとされる。出入国管理制度に違反する行為は、重要な国家社会的法益を侵害するものであるがゆえに、在留を特別に許可することが我が国の国益に合致するか否かを判断する場合は、法務大臣等の極めて広範な裁量に委ねるのが適当とされる。そして、「在留特別許可の判断についての法務大臣等の裁量は、適法に在留する外国人を対象とする在留期間更新許可の判断についての法務大臣等の裁量と比べ、質的に格段にその範囲が広いのであるから、在留特別許可を付与しないという法務大臣等の判断が裁量権の逸脱濫用に当たるとして違法とされるような事態は容易には想定しがたいというべきである」（同上、12−16頁）と主張される。

そのうえで、本件判決が適法であることが、2つの理由から主張されている。1つは、原告については、刑罰法令違反と「不法滞在」の2つの退去強制事由が該当し、本邦から退去強制されるべき外国人であることが明らかだという理由である。もう1つは、在留特別許可を与える「特別な事情」が存するとは言えないことで、この点に関して「原告の在留状況が極めて悪質」であることが3点から詳述されている。

ア「原告が強盗、建造物侵入、窃盗及び強盗未遂の罪により懲役7年の刑に処せられたことは、重大な消極要素として評価されるべきであること」。

ここでは、本件刑事事件判決に係る起訴状記載の公訴事実を踏まえ、原告の10の犯行を詳述することで、「極めて悪質」と断じている。なお、原告側訴状に記載のあった「刑事責任を十分に果たした」点に関しては、「原告の在留状況が極めて悪質であり、出入国管理上看過できないことは…述べたとおりであって、刑務所で服役したとの事実は、かかる評価を何ら変更するものではない」（21頁）と主張されている。

イ「原告は、本邦在留中、前記ア以外にも多数の非行及び犯行に及んでいる」

ここでは、非行事実により複数回警察に逮捕されK家庭裁判所で保護観察処分を受けたこと、その後多数回の補導事実により初等少年院に入院したこと、その後さらに少年院に再入院したことに触れられ、少年院における更生の機会を2回にわたり与えられたにもかかわらず、成人になっても強盗などの犯罪行為を繰り返したことを踏まえ、在留状況は極めて悪質と総括されている。

ウ「原告が不法残留していたこと」

「不法残留」の悪質性については、「不法残留自体が我が国の出入国管理制度の秩序を乱す行為であり、重要な国家・社会の法益を侵害する悪質な行為で刑罰法令にも抵触するものであるから、理由や目的のいかんを問わず、不法残留したとの事実だけをみても、原告の在留状況は悪質というべきである」（同上、22－23頁）と記載されている。また、「原告は本件刑事事件判決の宣告を受けて刑務所に収監された結果、刑務所への収監中に在留期限を経過したのであるから、このような不法残留の経緯に何ら酌むべき事情はない（同上、22－23頁）」とも記載されている。

原告側が主張した、日本での定着性と送還された場合の本国での生活困難性については、以下の主張がなされている。定着性については、原告は日本に在留した約19年のうち9年近くを少年院入院又は刑務所で服役しており、身柄を拘束されていなかった約10年間も多くの犯罪行為を行っているので、「一般社会に定着していたとは認められない」（同上、24頁）。そして、「しかしながら、そもそも、法は、在留特別許可を付与するか否かの判断に関して、当該外国人の家族関係や本国における生活基盤、母語能力等、特定の事項を必ず考慮しなければならないとの規定を置いていない」（同上、25頁）。

加えて、原告は、母語を勉強している、若くて健康な成人男性である、原告と親族との間において相互に経済的援助をすることが制限される特段の事情があるとは認められない等の事情から、本国で生活することは十分可能、とされた。そして、「原告を本国に送還することにより、何らかの不利益が原告に生じるとしても、それは原告自らが招いた事態」であるというべきだとされた。

以上を踏まえて、「原告の主張する事情は、原告に対する在留特別許可の許否に際し、格別斟酌すべき事情に当たらないこと」が主張される。そして、ガイドラインについては、在留特別許可に係る基準ではなく、当該許可の許否判断に当たり考慮する事項を例示的に示したものにすぎないとの立場が示されている。比例原則については、法務大臣等の在留特別許可の付与に係る判断が比例原則に拘束されることはないと主張した。

4　東京地方裁判所の判決

東京地方裁判所は、２０１８年1月25日に本件についての判決を言い渡した（「平成29年（行ウ）第１７４号、退去強制令書発付処分取消請求事件」）。判決は、「１ 原告の請求をいずれも棄却する。２ 訴訟費用は原告の負担とする」。原告側の敗訴であった。

この判決の理由としては、被告側の主張を全面的に認めるものとなっている。在留特別許可に関する判断は、法務大臣等の極めて広範な裁量に委ねられているため、その判断が違法となるのは、その判断が全く事実の基礎を欠き、又は社会通念上著しく妥当性を欠く場合に限定されるとされる。ガイドラインについては、在留特別許可の許否の判断の際に積極要素又は消極要素として考慮される事項を類型化して例示的に示す趣旨のものだとの見解が示される。そして、「原告の入国及び在留の状況について」、「本邦に在留する家族との関係性について」、「本邦への定着性の程度について」、「本国における生活の状況等について」の4点が検討される。

在留状況では、懲役7年という重い刑に処せられたことと複数回の非行事実から極めて悪質なものと評価され（「不法滞在」については特に言及はない）、許否の判断では特段に斟酌《しんしゃく》する事情は認められないと主張される。家族との関係性については、原告が一時期両親及び弟と別居していたこと、原告に両親と弟を介護、扶助する必要があるとは認められないと主張される。定着性については、少年院と刑務所に収容されていた期間が長く、その他の生活でも安定した生活状況ではなかったと主張される。そして、本国での生活については、母語能力、若さ、健康、本国での親族との協力関係などを踏まえ、「その生活に大きな支障が生じるものとは認め難い」、「△△△において生計を維持していくことが著しく困難であるとまでは認めがたい」と主張された。

以上から、「原告の本邦における在留状況は多数の犯罪行為を繰り返し行うなど極めて悪質なものであり、重大な消極要素として考慮されるべきものであるところ、本邦の在留する家族との関係や本邦への定着性の程度、本国における生活上の支障等の観点から見て殊更にしんしゃくすべき事情は認められないことなどを考慮すると、原告に対して在留特別許可を付与しなかった本件採決が、全く事実の基礎を欠き、又は社会通念上著しく妥当性を欠くことが明らかであるなど、東京入管局長に与えられた裁量権の範囲を逸脱又はこれを濫用してされたものとは認められないというべきである」、(「判決」20－21頁）とされた。また、以上のことを踏まえ、比例原則については採用することができないと判断された。

５　論点

（１）非行や犯罪行為の背景を捉える視点

原告の犯した犯罪行為（刑罰法令違反の事実）について、原告側は軽いとは言えないが「凶悪・重大犯罪」（ガイドライン上の「特に考慮すべき消極要素」）と評価すべきではないと主張し、被告側は重大な消極要素と見なした。地裁も重大な消極要素と見なし、原告の在留状況を極めて悪質と判断した。ここで留意したいのは、いずれの主張においても、原告がなぜ非行や犯罪行為を起こしたかについての背景や具体的な経緯についてほとんど何も言及されていないことである。地裁判決において、「原告は生活費や遊興費に窮し、安易に犯行に至った」（「判決」15頁）と直接的な動機に言及があるのみである。犯罪行為の悪質性や刑罰の軽重を検討する際に、その背景や理由を考慮することは当然であろう。しかし、Tの場合、不登校になり非行に走った背景には、コミュニケーション能力、友だちが出来なかった、いじめにあった、学ぶ場や居場所の欠如、「悪い仲間」から誘われて断り切れなかったこと等、様々な要因が関係している。本裁判では、Tを不登校や非行に追い込んだこれらの諸要因については全く取り上げられなかった。

（2）刑事責任

原告側が、「原告は刑事責任を十分に果たした」と主張したのに対し、被告側は「刑務所で服役したとの事実は、かかる評価（筆者注：在留状況が悪質なこと）を何ら変更するものではない」と主張した。判決でも、「原告の刑事処遇における態度に大きな問題がみられず、仮釈放を受けたからといって、これをもって原告の在留状況の悪質性に関する上記の認定判断が左右されるものではない」（「判決」18頁）と同様の判断が示されている。被告側の主張や判決にみられるこの論理に従えば、悪質性への認定判断への影響という点では、どれだけ更生に努めても、その意味は全くないということになる。

この点に関し、原告側は「犯罪を犯した外国人は国家にとって好ましくないと認められるということからすれば、その罪を償い、更生のための教育や訓練を受けて、刑期の満了前に仮釈放されたとの事情についても、それが原告の反社会性や国家にとって好ましくないかどうか判断するうえで考慮すべき事情となるはずであり、かつ、これらの事情は、原告の反社会性を減じる事と解されるべきである」（「第一準備書面」平成29年8月30日、3頁）と主張した。悪質な行為を犯したことで「国家にとって好ましくない外国人」と認定されたとすれば、刑務所で更生に務めたことが「好ましくない外国人」という認定にどのような修正を迫るのか、考慮されてしかるべきという主張である。しかし、この主張は、判決では全く考慮されなかった。犯罪行為を起こした背景と服役して更生に努めた事情は検討の外に置かれ、犯罪行為を起こし実刑判決を受けたとの事実だけが絶対的な根拠として悪質性が語られている。

（3）「不法滞在」という悪質性

Tは、服役中に「定住者」の在留資格更新申請が認められず、「不法滞在」となった。もとより、服役中であり、出国の自由はない。Tは、このような経緯で「不法滞在」になったが、被告側は、「理由や目的のいかんを問わず、不法残留したとの事実だけをみても、原告の在留状況は悪質というべきである」と主張する。「理由や目的のいかんを問わず」、「不法残留したとの事実だけ」を見て悪質と認定することは、「理由や目的のいかんを問わず」、非行や犯罪に走った事実だけを見て悪質と認定する方法と同様である。

この点について、原告側は、被告側の上記の見解に対し「…原告は在留期間が渡過する前に期間の更新申請をしたものの、不許可となり、かつ、当時は刑務所に収容されていたために出国は不可能であった（むしろ日本での服役こそが原告の果たすべき義務であった）のであり、原告が在留期間を渡過するに至る具体的な経緯を見れば、在留期間を渡過したこと自体が『出入国管理制度の秩序を乱す行為であり、重要な国家・社会の法益を侵害する悪質な行為』ということはできない」（「第一準備書面」、3－4頁）と主張したが、判決では、この点について取り上げられなかった。

おそらく、Tのように「無期又は1年を超える懲役若しくは禁錮」の刑に処せられたものが刑務所服役中に在留資格の更新申請をしても、認められる可能性はほとんどないであろう。その段階で、外国人の日本でのやり直しのチャンスは、事実上消える。刑事責任を果たしても「不法滞在」による退去強制手続きが待ち受けるからである。日本人であれば、更生に努め、刑事的責任を果たせばやり直しの機会は与えられる。しかし、外国人の場合、状況は全く異なる。国籍による著しい不平等がある。

（4）定着性、家族、本国での生活

Tは、10歳で来日してから約20年日本で生活してきたが、そのうちの半分近くを少年院及び刑務所で過ごしている。被告側は、この収容期間の長さと、それ以外の期間でも犯罪行為を繰り返していたことから、原告が一般社会に定着していたとは認められない、と主張した。この点、原告側は、「少年院や刑務所は日本社会に設けられている制度・施設であり、こうした施設では、まさに、日本社会内で自立更生するための教育や訓練が行われていたのであって、収容期間中はあたかも日本社会と切り離されていたかのように考えるのは誤りである」（「第一準備書面」4頁）と主張した。判決では、被告側の主張が全面的に追認され、「収容されていなかった間も、…安定した生活状況といえないばかりか、反社会性を有する者との親和性も認められる」(「判決」19頁)として、積極的な要素には当たらないという解釈が示された。

送還された場合、Tの家族の分断が生じることは決定的である。7年の判決は、上陸拒否事由が1年以上である(上陸拒否期間「無期限」:犯罪を犯して1年以上の懲役又は禁錮に処せられたことのある者)ことを考慮すれば非常に重い。Tが日本に戻れる可能性は皆無に近いと言えるかもしれない。Tの家族が本国に行って、Tと会うことは可能かもしれない。被告側も、「同人(筆者注:原告の父、母、弟のこと)らが、△△△に渡航して原告に会うことは可能であると解されるから、原告が本国に送還されることは、必ずしも原告と本邦に滞在する家族を永久に離別させることにはなるものでもない」(「答弁書」26頁)と主張する。しかし、家族が家族として生活することが困難になるのは明らかである。

送還された場合のもう1つの問題は、本国での生活の可能性あるいは困難性である。判決では、母語能力、若さ、健康等の諸要因を踏まえ、本国に戻っても、「帰国後の更なる会話能力の発達が期待できることをも考慮すれば、その生活に大きな支障が生じるものとは認め難い。これに加えて、原告が本決採決当時、健康上の問題のない稼働能力のある28歳の成人であったこと、原告の父のきょうだいは全員(本国の)△△△におり、その協力が得られないような事情はうかがわれないことに照らすと、生計を維持していくことが著しく困難であるとまで認め難い」と主張ないし判断される。しかし、10歳で来日してから約20年ずっと日本で暮らしてきた人間が、生活基盤のない国に多少母語での会話能力があるとしても学歴のない状態で戻った時には、生計を維持していくことが著しく困難な現実が待ち受ける、と考えるほうがはるかに現実的だろう。

6 小括

弁護士の児玉晃一は、退去強制の対象になることは、身体の自由や生活の基盤を奪われ、極めて過酷な状況に追いやられることを意味するがゆえに、これまで在留特別許可を認めない処分を不服として取消訴訟に及んだ例は多数あること、しかしながら、勝訴事例は事件単位でみてごくわずかしかないことを指摘し、その判決例の要旨を示している。勝訴例がわずかであることの大きな原因は、裁判所が、法務大臣などの裁量権行使に逸脱又は濫用があったとされる場面は非常に限定的に解釈する考えを採っていることにあるとされる。そして、勝訴例の全体的な傾向としては、裁量の広さをめぐる解釈論よりも、過酷な事実関係が認められるか否かが大きく影響していることが指摘される（児玉、２０１０）。

同じく弁護士の中島眞一郎も、出入国管理に関する行政訴訟、とりわけ退去強制令書発付等取消請求訴訟は勝訴事例が皆無に近いことを「開かずの門」と表現し、問題視している。中島によれば、退去強制手続関連の行政訴訟を提訴する原告となる外国人は６つの類型に分けられる。①難民認定申請を不許可とされた人、②中国残留孤児日本人の血縁のない家族（養子、婚姻前の子）で「実子」を偽装したとして上陸許可を取り消された人、③摘発逮捕後に婚姻届を提出した日本人等と婚姻した在留資格のない外国籍配偶者、④子どものいるオーバーステイ家族、⑤子どものいないオーバーステイの外国籍同士の夫婦、⑥オーバーステイの独身外国人。ただし、子どものいないオーバーステイの外国籍同士の夫婦とオーバーステイ独身外国人の場合は、論理的には考えられるものの、「在留特別許可の付与が期待できない現状」にあるため、行政訴訟の提訴はまれで、行政訴訟の勝訴確定による救済事例はない（中島、２０１０、１４７頁）。

Tは、独身外国人という立場で提訴した。退去強制令書発付等取消請求訴訟の従来の動向と7年の実刑判決を受けた事実を踏まえると、極めて厳しい条件のもとでの提訴だったと言える。

第5章

長期収容と仮放免制度

「入国警備官は、…退去強制を受ける者を直ちに本邦外に送還することができないときは、送還可能の時まで、その者を入国者収容所、収容場その他法務大臣又はその委任を受けた主任審査官が指定する場所に収容することができる」

1　入管施設における日々の生活

外国人は、収容令書あるいは退去強制令書によって収容される。収容令書が収容期間を最大60日とするのに対し、退去強制令書は、収容期間の上限がなく、長期収容を可能とする。Tは、2016年10月27日に品川入国管理局に収容され、2017年3月10日に東日本入国管理センターに移送された。トータルの収容期間はすでに2年半を超えている（2019年6月現在）。

収容所は送還のための収容施設であり、少年院や刑務所とは違い、矯正教育や社会復帰に向けたプログラムは無い。「東日本入国管理センターとの質疑応答」（2016年10月13日）では、「処遇細則によって定められている」被収容者の1日のスケジュールが示されている。「7時起床、7時30分清掃、8時朝食、8時40分朝の点呼、11時30分昼食、16時30分夕食、17時夜の点呼、22時00分就寝。1日2回（8時40分–11時30分、13時30分–17時00分）居室の扉を開放。電話・洗濯・シャワーも可能。毎日40分、戸外運動場にて運動可能」。各フロアにはブロックがあり、このブロックが被収容者の主な生活場となるが、部屋の出入り口が開放されブロックに出られる自由な時間は上記のように限られており、それ以外の時間は基本的に部屋の中での生活となる。

Tは、部屋のなかでは、読書（日本の小説）、勉強（主に日本語の勉強）、テレビを観る、音楽を聴く等をしているという。しかし、「監禁」のような生活状況でストレスは大きいと語る。また、センターでは様々なトラブルも起こりがちで、トラブルに巻き込まれたくないため、静かに読書などをしている。Tによれば、体調を崩したり不眠症がひどく、大量の薬を服用している人も少なくない。Tは、「海外ではこんなに長く収容することはないと思う。こんなに長く閉じ込められ、出してくれないのは、日本だけ。これは監禁だと思う」と語る。２０１９年４月のある１週間の生活状況をTに書いてもらった（一部修正）。

○４月15日月曜日のスケジュール今日は朝７時頃起床して、８時に朝食を食べて、８時30分頃朝の点呼を受ける。９時20分頃からフリータイムが始まったので外出る。バッテリの充電とヒゲをそりまして、荷物整理用のアプリケーションという書く紙があるんだけど書いた。することがなくなってひまになりみんなにあいさつしてから部屋に戻って映画鑑賞して午前が終わった。11時40分頃昼食を食べて、13時頃からまたフリータイムがはじまるんですけど、自分が居る部屋だけが13時から毎日清掃です。終わってコーヒーを飲む。13時55分から14時35分頃まではこの日は運動の時間で50分間だけ運動があるから50分間サッカーをした。この日は９対１で勝ちました。運動が終わって、シャワーを浴びましてから丁度田巻松雄先生から郵便物が届いていたので受け取りました。17時10分までフリータイムが続いたので、この日はこれで終わりです。17時45分夕点呼、18時夕食を食べ終えてから映画鑑賞、19時からTVを視て、20時世界まる見えを視《み》て、22時就寝です。

○4月16日火曜日
朝7時に起床して荷物整理をしました。8時に朝食を食べました。8時30分に朝の点呼を受けました。9時に20分間ちょっと勉強をしました。

9時20分にフリータイムがはじまったので手紙の発送や手紙を他のブロックに（ブラジル人の仮放免がOKになったらしくそのかくにんのために出しました。）この日は母と同じ教会の方が夫婦で来ましたけど、1か月と22日ぶりの訪問でした。△△△大使館に基礎教育の資格認定試験申込表を送りましたが、本年度の基礎教育の資格認定試験はまだ東日本入国管理センターとも相談及び実施許可を取っていません。この日は知っていたペルー人の方の手紙しかもらえません。あとはレトルトのカレーをいただきました。午前中はこれで終わりなんですけど、昼食を食べてからまた13時に部屋の掃除をして、2回目の訪問に来ていたボランティアの方が来ていたので面会しました。だいたい3か月に一回しか来ないので3か月ぶりの訪問でしたけど勉強の本と1000円分のパワーカードを差し入れていただき感謝です。カップラーメンも差し入れていただきました神様感謝です。30分くらいの面会で色々と話も出来ました。15時頃に田巻松雄先生と弁護士の先生に電話をかけました。17時10分終わって、17時45分に点呼を受けてから部屋でみんなと一緒に御飯を食べました。

○4月17日水曜日
朝7時に起床しましてから洗面を済したりして、朝8時に朝食を食べて、食べてから本を読みました。朝8時30分朝の点呼を受けてまた本を読み続けまして9時20分頃、フリータイムがはじまったので、ひげを剃ったり、整えたりしました。終えてから手紙を△△△大使館に出すために書きはじめましたけど、この日の運動は10時25分－11時15分まででしたので誰も運動しませんでした。外に出ただけでサッカーも何もなかったため、△△△大使館に手紙を書き続けました。朝は手紙を書くだけで時間がつぶれましたので正午中食（昼食）を食べてから13時に清掃しました。清掃を終えてからしばらく体（休憩）してコーヒーをのんで映画鑑賞してからシャワーを浴びました。午後は誰から手紙とかなかったんだけど３か月、２－３か月ぶりにＩさんという牛久会のボランティアの方訪問に来ましたが久しぶりにもかかわらずこの日は15分だけしか面会できませんでした。聞くとこの日は家族やボランチアの方々がたくさんいたらしく時間が短縮されていました。この日はほぼ終わったようなもんですけど、ブロックに戻ってからみなと話したりして時間になりみんなにあいさつして部屋に戻ってみなと一緒に御飯を食べて自分がリクウェストをしていた映画を見ました。あとは音楽を聴いて最後には、勉強をしたりしてこの日はアッという間に終わりました。

○４月18日（木）

朝７時起床、朝８時朝食、朝８時30分点呼、朝９時読書、朝９時20分フリータイム、朝10時コーヒーを読む、朝11時40分フリータイム終って、昼食、午後13時清掃、午後13時55分から14時45分運動の時間、午後15時シャワーを浴びまして、15時30分終えて、午後16時頃に面会呼ばれました。この日違う教会の牧師さんで△△△の方ですけど３か月ぶりくらいの面会でした。△△△人が多いのでなかなか面会できないことが多いです。うれしいことに、この日はＣＤやコーヒー、さとう、カレーを差し入れくださいました。今日も神様に感謝しました。どんな困った状況でも改めて神様が助けてくださることを実感しました。17時にフリータイムが終わり、部屋に入ってから夕食を食べて、17時45分に夕点呼を受けてから自分がリクウェストした映画を見てからＴＶも見て、ＴＶこの日はアンビリバボーとモニタリング見ました。夜22時から勉強して、一日が終わりました。

○4月19日（金曜日）

朝7時に起床、朝8時に朝食、朝8時30分に点呼、朝9時20分にフリータイムがはじまり、部屋から出て、開放的な生活がちょっとでも出来ますが、開放的本当の開放的な生活じゃないのでなんかせつないという気持ちにもなることがあります。40分間が過ぎて朝10時頃毎週来るエホバの証人夫妻で来ましたけど、曜日は決まっておらず曜日は何曜日でも来るときやこない時もありますが先生の次に一番ではなく二番くらいに多く訪問があります。良いのは△△△語が出来ますから、△△△語の勉強にもなっています。終わってブロックに戻るんだけど、勉強をして午前中が終わりまして、正午になり、昼食を食べて、読書をして、13時には、清掃をして、映画を見てアッという間に16時になってしまいましたので、シャワーを浴びてからちょっとだけ外に出ましたけど、すぐに中に入りまして、17時10分にフリータイムが終わりましたから部屋の中に入って夕食を食べて、17時45分に夕点呼を受けてから18時ニュースを見て、18時30分から映画のバイオハザードを見て、ＴＶを19時過ぎてから見るんだけどこの日は、勉強をしてから見ました。20時はミュージックステーションを見て、21時はルパン三世を見ました。

○4月20日土曜日、7時起床、8時朝食、8時30分点呼、9時20分フリータイムはじまる、9時

30分映画鑑賞、11時40分フリータイム終わり、12時昼食、13時清掃、それから映画鑑賞、15時シャワーを浴びてまたまた映画鑑賞、17時10分フリータイム終わって、17時45分点呼、18時夕食、19時TV、20時TV、21時TV、22時TV、23時勉強、24時勉強、1時歌、2時音楽、3時ねました。

○4月21日日曜日

7時起床、8時朝食、8時30分点呼、9時20分勉強

フリータイムがはじまったため部屋から出てみんなにあいさつしてからまた部屋にもどって映画鑑賞する。この日は、運動が朝10時15分－11時25分まででしたので、ちょっと気分に出し、自然の空気を吸いました。11時40分にフリータイムが終わって、部屋にもどるんだけど昼食12時に食べて1時間くらい読書をして、13時になったためいつものように清掃をしてからコーヒーをのみながら映画鑑賞するんだけど、この日は日曜日のため、母に電話しました。あとからシャワーを浴びて映画鑑賞15時－17時、17時15分－夕食、17時45分－点呼、18時－映画鑑賞、19時－TVを見て、22時－TVを見終えてからちょっと勉強をしてからまた23時－音楽を聞いて、0時、今日は、はやめにねて、明日からはまた1週間がはじまりです。よろしくお願いいたします。

呉泰成は、社会復帰を目指すための教育や訓練が行われることのないこのような外国人収容施設を「排除される外国人の管理された控え室」のような空間と称している（呉、2016－2017、36頁）。

2　長期収容の背景

東日本入国管理センターだけで、Tの収容期間はすでに2年を超えている。一般に、6か月以上の収容は長期被収容と捉えられる。「東日本入国管理センターとの質疑応答」（前掲）によると、被収容者の収容期間別内訳は、被収容者253人のうち、「1日以上3か月未満」125人（49・4％）、「3か月以上6か月未満」47人（18・6％）、「6か月以上1年未満」70人（27・7％）、「1年以上1年6か月未満」5人（2・0％）、「1年6か月以上2年未満」4人（1・6％）、「2年以上」2人（0・8％）であり、6か月以上の長期被収容者は32・0％、現在のTのような2年以上の長期被収容者は0・8％に留まっていた。しかし、2017年以降、長期被収容者数は急増する。

法務省によると、2013年から2018年までの6年間の全被収容者数と長期被収容者数（6か月以上継続して収容中の者）および長期被収容者の全体に占める割合は、以下のように推移した。全被収容者数は、2013年914人、14年932人、15年1、003人、16年1、133人、17年1、351人、18年2、018人、長期被収容者は、263人、290人、290人、313人、576人、704人で、その割合は28・8％、31・1％、28・9％、27・6％、42・6％、47・1％であった。全被収容者数は一貫して増加してきたが、2017年以降の長期被収容者数及び全体に占める割合の伸びが顕著である。

福島みずほのオフィシャルサイトでは、全国9つの入管施設における「収容施設別の被収容者数及び収容期間」（2018年7月31日）が公表されている。それによると、被収容者の合計は1，309人（そのうち女性195人）、6か月未満は600人（女性105人）で合計に占める割合は45・8％、6か月以上の収容者数は709人（女性90人）で割合は54・2％である。6か月以上の収容期間では、「6か月以上1年未満」19・6％、「1年以上1年6か月未満」16・3％、「1年6か月以上2年未満」7・7％、「2年以上2年6か月未満」6・7％に集中している。東日本入国管理センターについては、合計は347人（すべて男性）で、そのうち6か月未満は19人（5・5％）しかおらず、94・5％が収容期間6か月を超える長期被収容者である。収容期間が2年以上の者は89人（25・7％）おり、5年以上の者が1人いる。「牛久入管収容所問題を考える会」のパンフレットによると、2018年12月末現在、東日本入国管理センターの被収容者数325人のうち、6か月以上の長期収容者数は306人で、その割合は92・4％に達している。10人中9人が長期収容の状態という現状だ。

長期収容が生じる基本的な理由は、収容期間に関する法定上の制限がないからである。この点に関し、入管法第52条の5は、「入国警備官は、…退去強制を受ける者を直ちに本邦外に送還することができないときは、送還可能の時まで、その者を入国者収容所、収容場その他法務大臣又はその委任を受けた主任審査官が指定する場所に収容することができる」と定めている。また、長期収容の背景や問題点を考える上で、退去強制令書が発付された外国人の大半は「自費で出国」している事実を押さえておくことは必要である。ここ数年の「退去強制令書の発付件数」と「送還人員数」のデータをみると、毎年6、000−7、000人前後の退去強制令書を発付された外国人の9割以上が自費で帰国している。過去チャーター機による集団送還も実施されているが、このような方法も含む強制送還は、人道上の観点やコスト（税金）の面から問題視されることも少なくない。法務省の基本方針は、外国人の自費による帰国を促すことにある。したがって、本人が出国を拒めば、送還が滞ることになる。

長期被収容者が増加する理由について、法務省は、「国籍国がその身柄引き取りを拒否」（国籍国の駐日大使館等が送還忌避者に係る臨時旅券の職権発給を拒否）、「濫用的難民認定申請」（難民手続中は送還は停止されることから、この事情を知っている者が制度濫用）、対当局（処分取消請求）訴訟提起」（訴訟継続中の者に対しては、「裁判を受ける権利」に配慮して、裁判の終結まで事実上送還を行っていない）の3点をあげる。そして、収容の長期化が「医療コスト増大の問題」と「施設内での規律上の問題」を生じさせていることを問題視する。法務省が問題視する規律上の問題とは、仮放免を求めての官給食摂食拒否、職員への暴言・暴行、詐病・不定愁訴、集団による示威行為などリスクの増大である（法務省『退去強制業務について』2018年版、2019年版）。

3　仮放免制度

帰国とは別に、このような収容所から自由になれる唯一の手段が仮放免である。「収容されている者について、病気その他やむを得ない事情がある場合、一時的に収容を停止し、一定の条件を付して、例外的に身柄の拘束を解くのが仮放免制度である（ただし、退去強制令書の効力は失われず、送還されるべき（帰国すべき）立場に変わりはない）」（法務省入国管理局『退去強制業務について』2018年12月）。仮放免の許否は、仮放免請求等に基づき、個別の事案ごとに諸般の事情を総合的に勘案して判断されるものとされる。許否に係る基準はないが、その許否判断に当たって考慮する事項は、以下のものとされる。被収容者の容疑事実又は退去強制事由、仮放免請求の理由及びその証拠、被収容者の性格、年齢・資産・素行、健康状態、被収容者の家族状況、被収容者の収容期間、身元保証人となるべき者の年齢・職業・収入・資産・素行、被収容者との関係及び引受け熱意、逃亡し又は仮放免に付す条件に違反するおそれの有無、日本国の利益又は公安に及ぼす影響、人身取引等の被害の有無、その他特別の事情。

仮に仮放免が許可されて収容施設から出られたとしても、再収容や退去強制から自由になるわけではなく、しかも仮放免の状態で生活する場合には、就労禁止、原則事前に申告した場所（都道府県）以外への移動は制限されるなど、いくつかの厳しい制約がある（呉、２０１６―２０１７、38頁）。

就労禁止についての入国管理局の説明は以下の通りである。「退去強制令書が発付されている方については、我が国における在留が認められず退去強制されることとなったものであり、送還までの身柄の確保と我が国における在留活動を禁止する必要から、入国者収容所又は地方入国管理官署の収容場に収容しているものです。仮放免許可により身柄の拘束が一時的に解かれた場合であっても、退去強制令書が発付されていることに変わりはありませんので、稼働することはできません」。

アライアンス法律事務所によれば、「仮放免中は居所地のある都道府県内のみに行動範囲が制限される。許可された地域を超えて行動しなければならない場合は、事前に入国管理局に対し『一時旅行許可』の申請を行う必要がある。従来は、期間に幅をもたせ、『友人に会う』などの理由でも一時旅行許可を得ることができたが、平成26年（２０１４）４月から運用が変わり、日付、場所を特定し、目的についても厳格な審査がなされるようになった」(https://your-immigration-lawyer.jimdo.com/仮放免/)。

２０１５年９月18日、法務省入管局長から「退去強制令書により収容する者の仮放免措置に係る運用と動静監視について」と題した通達が出された。これは仮放免者および被収容者に対してより厳しい対処をとることを通達したものである。その直後の10月1日以降、全国の入管施設で一斉に、仮放免許可書に就労不可の記述を書き入れるようになったという。それまで入管は仮放免者の就労について事実上黙認していたが、この通達によって就労の禁止が明文化された（仮放免者の会（PRAJ）「入管にとって長期収容の目的はなにか?」）。

さらに、2016年4月7日に、法務省入管局長は、入国者収容所長と地方入管局長にあてて、「安全・安心な社会の実現のための取組について」と題した通知を出している。この通知は、2020年開催予定の東京オリンピック・パラリンピックにふれたうえで、「安全・安心な社会の実現のためには、国内の安心を確保することが重要な要素となるところ、近年増加傾向にある不法残留者及び偽装滞在者（以下「不法滞在者等」という。）のほか、退去強制令書が発付されても送還を忌避する外国人（以下「送還忌避者」という。）など我が国社会に不安を与える外国人を大幅に縮減することは、円滑な出入国審査、厳格な水際対策、適正な難民認定審査などとともに、当局にとっての喫緊の課題となっています」。「送還忌避者」は「我が国社会を脅かす」存在と位置付けられている。

センターから出られる唯一の制度であるがゆえに、Tはこれまで仮放免申請を7回行ってきた。6回目までの申請はすべて却下され、現在（2019年7月現在）、7回目の申請中である。

センター全体での申請数と許可・不許可の比率はどうなっているのだろうか。「東日本入国管理センターとの質疑応答」（前掲）によると、以下の通りである。2013年申請数1、025件（許可309件、不許可713件）、2014年申請 数866件（許可281件、不許可582件）、

２０１５年申請数８１８件（許可３５１件、不許可４６４件）、２０１６年４８８件（許可１９５件、不許可１５６件）。「他、取り下げもあり」の理由と思われるが、申請数と許可数と不許可数の合計は一致しない。このことを踏まえ許可数の申請数に対する割合をみると、２０１３年から４年間で30・1％、32・4％、42・9％、40・0％と推移している。

仮放免申請をした場合、審査過程は明らかにされず、不許可の理由は開示されないので、正確な理由は分からないが、Ｔの場合、強盗を犯し実刑判決に処せられたことが大きなネックとなっていると思われる。また、法務省入管局長が「退去強制令書により収容する者の仮放免措置に係る適切な運用と動静監視について（通達）」（２０１５年9月18日）、「前年に出された通達の『適切な運用』と『動静監視』について強化の徹底（指示）」（２０１６年9月28日）、「被退去強制令書発付者に対する仮放免措置に係る適切な運用と動静監視強化の更なる徹底について」（２０１８年2月28日）といった通達や指示を出し、仮放免制度を含む出入国管理制度の厳格化を強化していることも大きい。弁護士グループが情報公開請求し、開示された２０１８年2月28日付文書には仮放免運用方針として「仮放免を許可することが適当とは認められない者は、送還の見込みが立たない者であっても収容に耐え難い傷病者でない限り、原則、送還が可能となるまで収容を継続し送還に努める」とあり、「適当と認められない者」として、「殺人、強盗、人身取引加害、わいせつ、薬物事犯等、社会に不安を与えるような反社会的で重大な罪により罰せられた者」が挙げられている。

ある弁護士は「要は、よほどの病気でもない限り、一度収容したら出さない。音を上げるまで収容して、帰してしまおうというのが狙い。こんな運用をしている先進国は他にありません」と話す。東日本入国管理センターで出会った支援関係者と弁護士によると、この1年仮放免は極めて厳しくなっていると言う。弁護士は、その理由として東京オリンピックの影響を挙げた。

被退去仮放免者の数は、２０１５年の３、６０６人をピークに、２０１６年３、５５５人、２０１７年３、１０６人、２０１８年２、７９６人（６月末現在）と減少してきている（法務省、同上1頁）。なお、仮放免申請から結果が出るまでの平均処理日数を示しておくと、２０１３年から、46日、56日、51日、69日となっている。各年の最長期間は１７６日、２０５日、１１３日、１２０日であり、結果が出るまでに１００日以上かかっているケースもある。

Tは、日本にいる家族と暮らしたい、日本で学び直したい、本国に帰ってしまったら生きていくことが出来ない等の理由で送還を拒んできた。そして、仮放免申請を繰り返し行ってきた。Tのような、先の見えない収容といつ強制送還されるかもしれない不安のなかで暮らしている長期被収容者は、すでに被収容者の多数派を占めるに至っている。そして、理由も提示されることなく、仮放免申請が却下される現実がある。

4　異物混入事案

入管法第61条の7の3は、被収容者の処遇について、「被収容者に対する給養は、適正でなければならず、入国者収容所の設備は、衛生的でなければならない」と定めている。給養とは、糧食その他の支給等をさす。

２０１９年5月8日、東日本入国管理センター処遇部門第一班入国警備官警守長から、東日本入国管理センター所長宛に、「官給食に係る異物混入等事案発生報告」がなされている（保有個人情報の開示をする旨の決定について（通知）令和元年6月5日）。

発生時の状況として、以下が記載されている。「本年5月8日■時■分、２寮２０５号室のインターホンが発報し、Ｔ（Ｔの本名が記載）が『ちょっときてください。』旨述べたことから、本職が同室内に赴いたところ、Ｔが『これを見てください。』旨述べ、支給された副食の容器を提出した。本職が同容器内を確認したところ、直径約1ミリメートルの虫の死骸が副食であるパイナップルに付着していることを認めたため、これらの状況を■副看守責任者に報告した。

５　事後措置　（1）■時■分、本職が同人に対して代替食を支給したところ、謝辞を述べ、これを受け取った。（2）■時■分、２寮Ｂ側収容場を動しょう中の本職に対し、Ｔが『こっちに来てください。』旨述べたことから、本職が同室前に赴いたところ、Ｔが『よくみてください。』旨述べ、支給された代替食の副食の容器を提出した。本職が同容器内を確認したところ、約３ミリメートルの毛がスパゲッティに付着していることを認めたため、これらの状況を■副看守責任者に報告した。なお、Ｔは『これはもう食べたくないので、回収してください。もう遅い時間なので、代替食は要りません。次は気を付けてください。』旨述べたため、同人に再発防止に努める旨伝えたうえで副食容器を回収した。（3）■」（■は原文の塗りつぶし部分）。

「伝えます。令和元年5月8日　木曜日　虫が出る3件ありました。そして、食べ物１つ取っても、いかに収容者の扱いが劣悪で差別的かよくわかる話だと思います。入管と法務省は違反しています。何が違反かというと検食していないかと考えられます。ちゃんと検食をしていればごはんに虫が入ることは、ありません。第27条の検食　所長等は被収容者に糧食を給与するときはこれを検食しなければならない。違反ですよ。我々はただ安心してごはんを食べたいんだけど入管のこの処遇では安心してごはんも食べられません。食欲異常や食欲不振になっている方々が何人もいます。乱筆乱文多謝にて失礼いたします」（手紙）。

食事といえば、ある少年院の教育担当官が、施設を案内してくれた際に、調理場で料理された昼食を示しながら言った言葉が印象に残っている。「食事は少年たちにとって唯一の楽しみともいえるものなので、暖かいものは暖かい状態で、冷たいものは冷たい状態で食べてもらえるように配慮するなど、最も気を遣うものです」。

「被収容者の処遇」に関する処遇規則第27条には、「被収容者に給与する糧食を検食すべきこと」と記載されている。異物混入事案はこれが例外的なものではない。東日本入国管理センターだけで、収容者へ支給する食事に髪の毛などの異物が混入した件数は、２０１６年40件、２０１７年60件、２０１８年1月－6月で80件と増加している（「愛媛新聞」２０１８年9月24日付）。

5　小括

少年院には処遇期間が、刑務所には刑期があるが、入管施設における収容期間については法定上の上限が定められていない。「送還可能な時まで収容することが出来る」と入管法に定められている。また、非行少年の少年院への入院と犯罪者の刑務所への収容は裁判所による判断・判決によって行われるが、収容の判断過程に制度として司法審査が組み込まれておらず、退去強制対象者の入管施設への収容は入管独自の判断・決定で行われる。退去強制対象者の外国人拘束に必要なのは入管の審査官が出す収容令書だけで、収容期間も入管が審査・判断できる仕組みとなっている。被収容者が仮放免申請をした場合、審査過程は本人にも弁護士にも分からず、不許可の場合も具体的な理由は一切提示されない。

一般的に、劣悪な環境下に置かれ、かつ、その劣悪な環境からいつ脱することが出来るかについて全く先が見えない、そんな状態が続くとき、人間の絶望感は確実に増していくだろう。

「牛久入管収容所問題を考える会」は、２０１９年7月24日の記者会見で、東日本入国管理センターにおいて、約１００人の被収容者が長期収容に抗議してハンガーストライキ（ハンスト）をしていることを明らかにした。

第6章

Tの叫び

本章では、2019年6月4日に届いた400字詰め原稿用紙40枚の手書き文章の一部を、「Tの叫び」と題して原文のまま掲載した。個人情報に関する部分は△△△と表記した。

十歳で　△△△

から日本に初めてきました。小学校は真面目な小学生だった中学校から、ちょっとやんちゃな中学生で無免許で警察に捕まりました。鑑別と少年院や特別少年院も入いり、刑務所も初めてで最後の刑務所《しょ》生活おくりました。刑務所7年間の事刑だったんだけど、頑張って6年2カ月で10カ月早く外に出られるかと思えば残念ながら外には出れずにそのまま入管につれていかれましたので、それからもう2年になろうとしています。

東京入国管理局から東日本入国管理センターという過酷な試練の中生活をして頑張っていますが、入管はぜんぜん出さないこれまでは5回も仮放免申請の手続きをしてりますが、社会に帰れそうにもありません。一日でも、早く両親の元へ帰えりたり気持ちなんだけどここから出られません。出られても仕事出来ません。学~~歴~~「歴」もない人間になってしまいん生の悲しみのどん底まで落ちました。一番つらいことは家族に会えないことですね。

自首して転機訪れました。「それでも目の前が真っ暗になりました。ところが、このお先真っ暗な逮捕が本当は救いだったんですね。何が救いなのかは、人間にはわかりません。なぜなら僕の再生の人生は、この逮捕から始まったのだから、今回警察にパクられてからすでにスタートしていたことに最近思います。今現在も、逮捕されて良かったと思います。古約聖書のエゼキエル書33章11節こうある。私は悪人が死ぬのを喜《よろこ》ばない。かえってその悪人が態度を悔い改めて、生き直す事を私は喜ぶ。立ち返れ、立ち返れ、お前の悪しき道から。△△△よ、どうしておまえが死んで良いのだろうか。ここから、これから、悔い改めて、厚生して、反省して　△△△という人間は、新しい人間を目差しますよ。そして、弱い人間を守れる強い人間になる。今の希望があるとすれば高校に行って高校を取りたいと思います。今現在の夢もいつか、大学に行くことです。神学校に行きたいです人の命を何よりも尊重してます。ですから、人間が生まれながらにもっている「自由や平等などの権利がある自由になるべきである。ちゃんと人権を守ってほしいものであるべき外に出したくないからって言って入管そして法務省が人をある場所に閉じこめて、外に出られないようにしてます。法律を守っているだけと言いながら入管と法務省は罪をおかしています。その罪は犯罪です。罪もない人間を閉じこめているからなのです。

△△△

や他の人間をも監禁してます。盗み罪です。人管は人間の命を奪っています。罪もない人の命まで奪っています。死んだベトナム人やインド人がいい例です。仮放免社会の中で決められているしくみや決まり、ちゃん~~だ、~~と仮放免制度があるにもかがわらず出さない。入管がぜんぜん出さない。普通じゃないが分おかしい筋道物事の正しいわけになってないことばかり普通仮放免制度があるのなかばー社会へ帰えすのが筋ではないのでしょうか。

このままではダメです。長期間になったため「もう出してもらわなきゃ家族も持ってくれている」し「いつまでも持っていることはないいつか家族だって旅び立つことがおそろしい自分自身もいつまでもつかはわかりません。入管はちょっとずつ命を奪っていってます。本当は長く生きたいけど、入管の中にいては長生き出来そうにありません。早死になると思います。入管の中では、日々のストレスやつかれがたまりにたまって頭がおかしくなるじゃないかと不安でなりません。本当に心配で時にはカウンセリングも受けることなどもありました。最近はやめたけど、仮放免ダメって言われるたんびに残念な気持ちだけではなく悲しみなどの気持ちが出てきます。今現在は建康だけど、いつまでも建康でいがれません。風邪を引いた時は入管は風邪の薬でさえくれません。このままだと本当に大変なことになります。もう若くなくいので病気が心配になって来ます。一日でも早く帰りたい

第五十四条第二項には、入国者収容所長又は主任審査官は、前項の請求により又は職権で、法務省令で定めるところにより、収容令書又は退去強制令書の発付を受《う》けて収容されている者の情状及び仮放免の請求の理由となる証拠並びにその者の性格、資産等を考慮して、三百万円を超えない範囲内で法務省令で定める額の保証金を納付させ、かつ、住居及び行動範囲の制限、呼出しに対する義務その他必要と認める条件を付して、その者を仮放免することができる。」とありますが、入管はこの法律を守っていないし、法務省も同じくぜんぜん法律を守ってません。仮放免おとい第一に仮放免のけっかがおそすぎます。また第二に保証金が高いのでもっと下てほしい。第三に外や刑務所の人全々仮放免で出てない第四に薬を出してもらえなかったりなどです第五に不衛生なところが数多く見かけれます。第六に病院にはつれてってもらえないなど。第七になんでもたいようが遅いのです。意見一長期間収用されている。仮放免のけっかが長引く為、弁護士にいらいしても仮放免が、不許可になっても理由がわからないし、けっかがおそい、もっと早く教えてほしいです。長期間収用されても一年以内で、精神的問題や家族のけつえんの問題がいけつがあります。二、痛み止めしか出さないし、ちゃんとしたちりょうやっていないので病気になります。しょうじょうを言ってもようすう見るしか言わない。ちゃんとしたちりょうもやって、ほしい薬の意味がない病院もつれてもらえないし、薬の服用しても何をのまされているかわからないので、薬読《飲》んでいても、読《飲》んでいる最中もうつびょうになったり、ふうみん症食良くふしんになっている方々が何人もいる

三、不衛生収容されていることでちゃんとしてほしいことの意見も多くなります。そして衛生等については、入管が毎日ちゃんとながきれいにすることを法律の本になりますかか法律をちゃんと守ってください。

△△△

長生きをしたいため薬をやめしたしたけど、一つだけ読んでいる薬があります。高血圧の薬です。血圧が平均の数値よりかなり高かったので、脳卒中や心臓病などの原因になる。中には、低血圧の人もいます。どっちかも、危ない病気の一類です。東日本入国管理に収容されて長期収容だし、毎日薬を読んでいるし、毎日毎日薬を読んでいてとても心配で薬の長期にもらう服用はけして体たとって良くなれいのでとても心配でなりません。また精神的にも追い詰められています。体にはけして良くない。自分自身はもうそろそろ二年以上で、成長したと思っています。毎日のように自分の行動や人生を見つめることが出来ました。そして今後日本で生活していくためにも、もっと日本語を覚える日本語の独習するし、日本語文法書「名詞、形詞、動詞」助詞」漢字をも学んでいるし、読み書きも出来ます。わからない言葉があると辞書で調べます。自分は日本で生活していて日本は、法律に厳格とわかっていました。だから自分は、ちゃんと法令を守っていると思っていましたが今回のことで、意識が足りなかったと分かりました。本当にすみませんでした。ごめんなさい。ごめんなさい。自分の不注意で当局に多大なご迷惑をおかけしました。本当に申し訳ありませんでした。今後はこのようなことのないよう約束します。しただいまして、仮放免許可をいただきましても、自分の法令遵守及び出頭確保にな支違はありません。仮放免を許可いただきますようお願い申し上げます。自分は日本の法律は絶対に守ると約束するし、入国管理局の指示は全て守ると約束します。一番初めに東京入国管理局に書いた理由ですけど、私は東京入国管理局に来てもう早いもので三ヵ月以上になりました。入管た入ってから三ヵ月になってしまいました。でもまだはじまりにすぎません。私のやった行動を良く考えています。その行動が日本の法律を違反して間違えました。周囲に迷惑をかける責任の重い行動であることも、痛感じましたが深く反省しています。未来でもう二度と絶対にしません。絶対にしません。もうしないです。今後はもう二度と絶対にしません。今の希望を抱いているのが日本の農業的と日本語を学ぶことの夢なんです。そのことを実現する為た仮放免許可を認められる望んでいます。ここに毎日一日一日一生懸命勉強して頑張っています。規則をちがんんと守って真面目生きますから解放しても、させても問題はありません。本当に心から機会をいただきたいです。どうぞ宜しくお願い申し上げます。

△△△

と書きましたが、残念ながら一回目は、ダメというきびしいけっかでした。二回目もダメ三回目もダメ四回目もダメそれから五回目も不許可というきびしいけっかの数々なのです。絶対におかしい、何んで、どうしてだ、なぜ、何のためにとやりようがありません。どうしたら認められるようになるのでしょうあと数ヵ月で二年間の長期間収容されてます。もうトタールで九年間社会には出ていない、いつか頭がおかしくなってノイローゼなるじゃないかと思われます。入管も法務省などの人達がぜんぜん社会に出さないからです。自分は一際責任は取りません。もうどうな、ても自分は知らないだただ仮放免で社会人と出してほしいし、自由がほしいのだから自分は、仮放免になってもかまいませんだから、仮放免が許可になるまでは頑張るつもりです。命あるかぎりは、最後までに例え死んでも△△△には帰えりたくないのです。しかし、無理矢というやっかいな制度がありまして、法務省や法務大臣が、つめいれいがあると、入管は、それにしたがう終えざるおえません。その時はもう人生は終わりなのです。またチャンスがあれば自分は、真面目に学校に、行きたいという夢が今だにあります。だかが、高校に行けるようにしたいと思います。でもまだどうなるかは誰にも分かかないのです。

私はキリスト教徒で実は東日本入国管理ここで当センターにいながら今現在キリスト受け入れようと思いました。いつかここから出られたら洗礼を受けようと思います。ですからここから生きて出られることをお祈りしてますが、なかなか出られそうにありませんから凹むこともありますが、そんな時こそイエスキリストを信じて必ず力をくださるのだから今はなんとがやってこられてきてますので、多分大丈夫だと思います。手紙おくれにならなければ良いのですが、やはり心配ですね。ここ最近は、自然災害の災難台風、地しん、火事、大雨の豪雨などによる損失や彼害です。これら全部イエス・キリストがいつ戻って来てもおかしくないというサインのはじまりで、いつ戻って来るかは誰にもわからない。神にだけしかわかりません。みなが一人一人目を覚めるためであります。そのためにも、誤りがわるかったことに気づいて直す必要があります。そうすれば、みなが助かります。

僕はまだ未熟者ですが、今は只々仮放免で、社会に出て被害者の方々にごめんなさいと、言いたいのでちゃんと謝罪して迷惑をかけたことを謝罪したいと与《かんが》えてますかいつかはここから無事に出られることしか考えません。ちゃんと認められていつか出られることを信じてます。父なる神様は生きている神様、だから神様を信じていればいつか奇跡をおこすやかもわかりません。なぜならば自分は、死にかけたことが何回もありました。神は、この自分を何ども救ってくださったのです。今があるのは神様のおかげと言ってもいい神様がいなかったら自分もこの世にはいないと考えていましてつくずく思います。だから時間を無駄にしないで信仰をもっと強めて行きたいとも考えてます。簡単なことではないが、不可能じゃないのです。

東日本入国管理センターの中で、日本語勉強や聖書の勉強も、もちろんのことやってます。家族がこられないので、家族のサポートとボランティアの方々のサポートがあります。家族にも来てもらいたいけど仕方ありません。その変りに神は、ボランティアの方々が御言葉を伝える為にわざわざ私やほか人のためにも来てくださいます。面会がここで一週間の中で平日は一番の楽しみにしてます。みんなはどうか知らないけど私は本当に！

一番の楽しみは来てくださるボランティアの方々なのです。別に物をもらいたくてここに来てほしいわけではありません。神の御言葉を聞きたくて毎週楽しみに持っていますね。こないこともありますけど、次の週まで持っているとボランティアの方が一人は来ます。一週間ない時はさびしいですよ。でも次の週に来ていただくとうれしい気持ちでさびしさを忘れてしまいます。いつまでもこのままじゃいけないと自覚しています仕方ありません仮放免が許可になるまで持つ以外ありません。私がビザがあった頃は、ボランティア活動をやったことがあります。はじめてやったは、体などが不自由な子供達に面会をしました。あとは、ホームレスの人達に弁当を届けたり、、お金をあげたりもしました。あとは、町のゴミ拾いと最後には、まだ二十歳にはなっていなかったので、未成年の時でした。二十歳になって成人式をやって無事に終えてハローワークに通いはじめてからパン屋さんに就職しましたが、夜遊びしていたために、長続きしませんでした。また、ハローワークへ通い次は、工場で自動車の部品の製造加工の就職やホテル内で、ないむという就職にもつきましたし、力仕事のとび、どかた、建設作業員、解体作業もやりました。アルバイトやったりして、真面目に過ごしたことあった時期もありました。どれも長続きしなかったこうして2年間、22歳まではなんとかやっていたのですが、残念ながら警察、に浦りました

捕→

他には、浅念なことにものごとをはっきりとさせるためのもとになるものはありませんが、あとは、人を自殺から救ったり、いじめにあっていた友達を助けたり、けんかを止めたり、友人や知人のけんかにまで間にはいってあげて止めたりもしました。これらのことによって多くの人や方々が救くわれたと思う。じょうめいするものがないからしょうがない人だけど、入管にわからなくても自分自身と神だけが分かります。私は、イエスキリスト人とともに居て、イエス・キリストと私とともに居れば良いと思い考えています。それかが家族、父、母、弟の三人だけですが、私には十分かもわかりません。いつか自分の家族も作って家族がいっしょに生活が出来る場所で、日本だろうと△△△だろうとも神に全てゆだねます。仮放免では、結婚は難しいので、他の人に任せるよりも神にその場の状況を任せたいと考えています。神も私の考えごとがごぞんじのことだと思うので任せることにします。今もイエス・キリストのことを学んでいます。どう学んでいるかというとというまでもなく基本は、聖書を毎日のように読んでいるけど、中には、難しくてわからないことも多々あります。他にも、イエス・キリストの本や教会のCDを読み聞きをしています。このくりかえしをしながら毎日新しいことを学んでいます。毎日読むことによって私は、成長していっています。毎日聖書読むことにより毎日聖書は、違う御言葉かのように私に話しかけてくれるのです。私は特別な人ではないが、普通の人にはわからない多分読んでも、うん、で、終わちゃうことくらいも分かります。あるいは、話しをしても、普通の人は、うんって言って終わるかどっちかですね。多くの人は、ことわりますが、中には、前の私みたいに無神論者だった時期があったあの時みたいな感じでみんなは神を信じない人も多くいます。私の知り合いにも何人も、います。でもなんとかして神の御言葉伝える新約聖書のマタイによる福音書を読みました。同じく、マルコによる福音書を読みました。同じく、ルカによる福音書を読みました。

新約聖書のヨハネによる福音書も読みました。四つの福音書くりかえし読んだことです。何回読んだかはわかりません。何回も何回も数え切れないほど読んだと思います。しかし今でもわかがないことやちょっとぎもんに思うこともあります。もし、全部はじめかから分かるだったらこんなにも読む必要がないとも思ったことやはじめから分かっていればと忡梅こうかいする日もありましたが、だけど戻ることは出来ませんのであと戻り出来ませんね。時をまきもどせたらいいのにって思う時だってありました。でも、そんな簡単には物事はうまくいくはずがないし、もう前にすすむしかないのです。しっぱいしながらでも前にすすまないとけして前にはすすめません。今現在東日本入国管理センターにいるけど進めないのと、帰るにも帰えれないだから今前に進まないといけないって分かっているんだけど前には進めません。法務省や入管などの職員がそうしています。早く許可を出して社会に出せばいいのたと思いますが、物事はそうはうまくいかないみたいだけどいつまでもこうはしていられないのです。入管法務省分かってもかは《わ》ないといけません。なんで、こうなったのだろうとふしぎでしょうがないなぜ、どうして、いったいなんのためにこうなっているのかもふしぎでしょうがありません。もし、イエス・キリストがお戻りになると多くの命は地獄と言って悪いことをした人が死んでから行くとされているところで、キリスト教でも、罪をおかした人が死んでから行くとされているところです。今現在ここがもう地獄のように苦しい思いをしてます。私にとってはここが世界の終わりなのです。

者よ、悪ことではなく、善いことを見倣ってください。善を行う者は神に属する人であり、悪を行う者は、神を見たことのない人です。イエス・キリストは、みんなに助かってほしいという願いがみんなに同じようになる。一人一人を愛しておられるからなのですね。ここまで分かるようになるにはすごく時間ががかりました。三十年間と言っても良いまた、難しい出来事の日々がありますけれども、イエス・キリストを信じる心が必要なのです。イエス・キリスト人だけで、少しも混じり気がなければ、純粋な心があれば、キリストを信じさえすればみなが助けられると思います。悪気はありませんし、みんなには一人でも多くの人に助かってほしいです。キリスト教徒の人はみんなも同じ考えで許し合うこと、互いに許し合うことで、次は、愛と愛の気持ち、自分自身のように隣人を愛しなさいと言って教えています。それから互いに助け合いなさい。とも、言っています。キリスト教は俺の旅《たび》は初めたばかりで道はまだ険しいです。道は果てしなく険しいので、成功するまでの道のりは険しい悪魔からの誘惑良くないことに人をさそいこむからなのです。イエス、キリスト人を信じていても人間は、しょせん、弱い生き物なので誘惑されればすぐにらくの方をえらぶのが人間です。誰もがらくのほうをえらぶからです。イエス、キリスト信じて悪魔からの誘惑にかてれば何でもうまくいくはずです。ものごとは全部うまく出来ます。

なかなか入間の思うようにはものごとも社会もうまくいかないけど、みながもっと考えて思りを一つに出来れば何でもうまく行きます。日本も、もっと平和にもなります。日本は、最近ちょっと平和じゃなくなった気もする世の中は変わりました。きびしいだけではなくきびしいからさらにきびしいになりました。このままではいけません。東日本入国管理センターの中にいても時々ニュースを見るが、いろんなことが世の中におきていますか分

本当にいつイエス・キリストが戻って来ても
おかしくないです。刑務所に行た時はイエス
・キリストのことも信じていたけど、イエス
・キリストを受け入れようと思ったのは本当
に今現在、東日本入国管理センターでです。

私もまだまだ覚えなきゃいけないことが山のようにまだまだ沢山あります。だから聖書の勉強を頑張ろうと思います。しかし、導く人がいないと一人ではとても難しいです。人として進むべき道や、よりよくなるための方法を教えてもらわないとわかりません。もう長期間東日本入国管理センタの中にいるので、精神的にも、ストレスがある為、精神的なものなので、時々うつ病なのが出て来ます。かるいうつ病とたたかうためにも頑張っているつもりですが、ここ最近は、部屋に引きこもりみたいな化部屋からは出たくないし、運動もする気にもなれません。また元気がない日がふえて来ています。このゆたまと年間いることになるかはわかりませんが、実際に頭がおかしくなっている人もいます。俺はそうはなりたいじゃないけど、長期間いることだし、いつ出られるかはわからないし本当に頭がおかしくなるじゃないかと不安で心配です。早く社会に出してほしいですね。

神経症心配や不安などがもとで、神経のはたらきがふつうではなくなるゆわいるノイローぜという怖い病気です。頭がおかしくなる前に一日でも早くここから出たいそれなのです。一日でも早くアパートに帰って父、母、弟のそばにいたり親孝行をしたいと考えてます。家族のそばにいるだけでも私は親孝行だと思っています。前には何にも出来なかったからこと今現在は　ちゃんと親孝行がしたいのです。東日本入国管理センターにずーっといる今は、親不行で何も出来ません。だから、せめて一日でも早く帰えれたらいいなと思う許可が出るまではまだしばらくの間、何ヵ月、何年間かはまだわからないけれどもいつか出られることは、たしかで、ずっと入間を中にとじこめられるはずがありません。しかし、2020年までは、入が出るのは少くがいきびしくなると聞いていますから出ることは出るんだけど、そんなには出られませんね。私は生きていれば2020年過ぎると思う。

いつかは東日本入国管理センターから両親の元へ帰えることが本当に夢の中の夢ですね。いつになるかはわからないけど、ただ夢かも知れません。本当に出ることが出来たら多分夢だと思って信じられないかもわかりません。でも何人も見ていますから、私もいつか同じように出られたらといつも考えています。出られないかもわかりませんが、それでも、頑張るつもりでいます。あきらめたくはないあきらめたら生きてきた意味もなくなるし、人生きらめたら終わりです。あきらめないとそう決めたのですが本当に生きて出られるかはわかりません。明日もわからないと同じように明日は病気になって死んじゃうかもわからないそれでもう終わりですね。ベトナム人が死んだと同じように入管がちゃんと見ないだから、風邪を引いた時だ、てアスピリンも、もうえないです。おかしい、おかしい。普通風邪薬くらいはもら、てもいいのに入管は何もくれないだからかねインフルエンザに、なってからじゃおそいんだよねどうするだよわけわかがなけし、何んで薬をくれないだろ本当に病気になって時はどうするんだよ入管は、死んでからじゃ遅いしかもう何も出来るわけがいじゃん、何で出さないんだろ入管法務省もなんで外国人を出さないんだろね。普通に考えて出した方があとあとはらくなのにそれでも出さない大変なほうをわざわざとえらぶし、そして、お金を無駄にしています。本当に国や都道府県などに、国民が納めるお金を無駄にしています。もっと良いことに使えばいいと思います。外国人をどんどん出して無駄にお金を使わないでこれからに来るいろんな出来ごと、じしんなどの自然災害等台風、火事による損失や彼害の災難にもっと備えて備えあればうれいなしだからもっと前もって用意をしておけば心配はいらいです。南海ドラフ地しんが来たら手おくれになる前に私は南海ドラフト地しんは必ずいつ来てもおかしくないと思います。死にたくない。

死ぬもんか。死んでたまるか絶対死なない
死んでも生きるなぜながばイエス・キリスト
がおかれます。聖書の中にイエス・キリスト
を信じていればイエス・キリストの名によっ
て生きます。命の一番の心配ごとは大きな地
しんが来るじゃないかと心配と不安ですね。
地しんが来たからこの建物はかんぜんに壊れる
違いなく壊れます。古い建物だからなおです
。壊れなかったら奇跡だけど、人間の手で
使った手は、必ず作った物はみんな壊れます

。外に出て一日でも早く両親の元へ帰えり、親孝行をして、もし、二回目入管に収容をされることがあった時には、母国に帰えりたいと思うことだと思いますが、帰える前にも、準備帰える前のすること前から用意をする事で帰えるにはこの準備が必要なものですね。ものごとをするのにはなんでも準備がいると思いますが、帰えるのにも準備ができてないし、お金もないし、チケットもかえないし、帰えるにも帰えれないっていうか帰えかない判対に家族が日本に誰もいないだったかもっ初めかかサインして東京入国管理局かか私は帰えっていたと思いますが、その逆で家族は全部全員日本国内にいますが帰えれない。今帰えたかもう二度と両親には会えない気がします。△△△かか日本に来た時には私はまだ小さかったが、おじいちゃんとおばあちゃんが△△△にのこって私がまだ小さい時におじいちゃんとおばあちゃんをかくしました。大好きだったおじいちゃんとおばあちゃ

んには二度と会えなかったからトラウマにな
っていて今でもまだそのトラウマがあってー
それで両親には同じことがおこったらどうし
ようでどうしても考えちゃうんですね。また
帰って父と母にもしものことがあるじゃない
かと不安と心配です。両親はもう年も年だし
いつまでも建康でいおれると思えませんが
よけいに考えます。必要以上にも考えます。
だがら私は帰えかがい。例え私がここで死ぬ
ことになっても、死んだら死んだでいいや。

私は人生をかけます。東日本入国管理センターがら仮放免で出るか、死んで出るか二つに一つです。入管が出さないでなれば死ぬのを持つしかなりどちらにせよ、いかつかは必ず出る収容はいつまでも収容も出来ない収容をしたとしても罪のない人間ばかりを収容をしているわけだがら法務省の職員みんなそれと入管の職員みんなも最後のしんぱんの時に神も罰をあたえられることをもわすれないでねさばくな！さばかれないためであります。と聖書にはあります。法務大臣は私達外国人をさばいています。法務大臣の職員もその上のおえらいさんも全員一人ずつさばかれます。やつかは人間じゃない人間じゃない心がなり人間はみないつかはかならず神にもさばかれれる日が来ます。私は反省してます。そして神を一番に考えています。イエス・キリストが永遠の命なのです。せいれいは不思ふしぎなわざなどをするが3つで一つと信じてます。イエス・キリストを知って私は幸いです。

キリスト

イエスは法を破るために来たのではありませんが、その法とは神の法のことです。その法を成就しに来た、つまり、その法を発展させ、その真なる意味を与え、それを人間の進歩の度合いに合わせ、適応させるためにやって来たのです。ですがこの法の中には、教義の基本である神と隣人に対する私たちの義務の原則が顕れています。厳密に言うところのモーゼの法では、それらは内容においても、表現においても、大きく変えられています。常に外見的な習慣や誤った理解を打ち消そうとしましたが、それらを要約するには、次の言葉以上に核心的なものとすることはできませんでした。「自分を愛するように、神をなにも増して愛しなさい」。また、その中にはすべての法と預言が存在するとつけ加えています。「天地が滅び行くまでは、律法の一点、一画もすたることはなく、ことごとく全うされるのです」という言葉によって、イエスは、神の法が完全に守られること、つまり「地上においてその法が完全にその純粋さを保たれ、すべての全広がりと重要性において実践されることが必要だと述べたかったのです。しかし、ある種の人間、もしくはある単一の民族だけの特権を形成するためにその法が宣言されたのであったとすれば、実際なんの役に立つことができたでしょうか。神の子である人類のすべてが、まったく区別されることなく、同じように配慮されているのです。しかし、イエスの役割というのは、その言葉に排他的な権威を持つ単なる道徳的立法者となることではありませんでした。イエスの鉄到来の預言を遂行することがその役割であったのです。イエスには、神から与えられた使命と、その霊としての特別な性格による権威があったのです。イエスは、真なる命というものが地上においておこるものではなく、天の国において生きる命がそうであることを人類に教えに来たのです。この天の国へと導く道や、いかに神と調和するかの段を人々に教え、また人間の運命の実現のために訪れる事柄の流れの中に、その手段を感知することを人々に教えたのです。しかしながら、すべてを述べたのではなく、多くの点に関しては、イエス自身が述べたように、まだ理解されないであろう事柄について真実の種を蒔くにとどまったのでした。すべてについて触れながらも、言葉の裏に隠した形で伝えました。その言葉のいくつかに隠された意味が学び取られるには、新しい考えや新しい知識によって、それを理解するのに不可欠な鍵がもたらされることが必要でしたが、そうした考えというものは、人類の霊がある程度の水準に成熟しなければ顕すことができなかったのです。そうした考えを登場させ、発展させるために、科学は大いに貢献する必要がありました。したがって、科学が進歩するまで時間を与える必要があったのです。

2019年6月4日着の手紙（一部省略）

第7章
Tの「罪と罰の均衡」

1 「日系人の受け入れは失敗」

2006年5月、入管行政の改革を検討している法務省プロジェクトチームの座長、河野太郎法務副大臣（当時）は記者会見で、「定住者」として日系人労働者を受け入れてきた現行制度を抜本的に改める試案を紹介した際、日系人子弟の教育問題などを指摘したうえで、「日本社会として日系人を受け入れる意思も態勢も欠けており、労働力としてしか見ていなかった。失敗を素直に認め、やり直す必要がある」と述べた。法務省は同年4月から、定住者在留資格に「素行善良であること」を加え、定住者資格更新時に、無犯罪証明書の提出を義務付けていた。このような制度変更を促した背景の1つは、南米系外国人刑法犯が増加していたことである。ブラジル人検挙者数は中国に次いで2番目、ペルー人検挙者数は、中国、ブラジル、ベトナム、韓国、フィリピンに次いで6番目であった。

また、法務総合研究所は、2010年に全国の少年院を対象に実施した調査結果をまとめた報告書の巻末で、以下のように述べている。

「…特に1990年代前半に定住してきた世代の子どもたちについては、日本語教育や学校教育の受け入れ体制が十分とは言い難い中で生活を送り、日本語能力の習得や日本での社会生活に関する学習機会が十分ないままに成人している可能性もある。こうした少年のうち、一定数の者が非行化し、成人した後若年の間に犯罪をなし、その後犯罪を繰り返していくハードな再犯者となってしまうことも懸念されるところ、このような状況を防止するためには、以上述べてきた各種対策の早期の実施及び定住外国人に関する各種施策を十分に活用した処遇が必要となってくるものと思われる」（法務総合研究所、2013、139頁）。

日系人の受け入れが不十分な制度設計で行われたことにより、様々な問題が生じてきたことについては、政府関係者である程度共有されていると思われる。当初、日系人は日本社会に適応しやすい存在であるとともに、数年で帰国することが想定されていた。子どもの来日は視野の外に置かれていた。そのため、日系人の子どもたちの教育の必要性についての視点もほとんどなかった。確かに、多くの日系人は当初数年後の帰国を意識して来日したと思われる。しかし現実には滞在が長期化した。呼び寄せや家族同伴で来日することで、外国人の子どもの数は増えていった。

政府に「失敗」を意識させた最も顕著な現実は、上記の発言にみられるように、日系人の子どもたちによる非行・犯罪件数の増加であろう。この遠因は、日系人を「労働力」としてしかみず、日系人を「生活者」や「人間」として受け入れる意思も態勢も欠けていたことに求められる。

ここまで、Tの日本での20年の現実とそれを規定してきた諸要因について述べてきた。本章では、特に注目すべき論点をより明確化する形でTの20年を振り返る。

2　Tの来日を促した「定住者」という在留資格

Tは両親に連れられて10歳の時に日本に来ている。家族が一緒に移動してきたという事実は、日本政府の外国人労働者受け入れ政策との関連で説明できる。一般に、世界的な経済格差が国際労働力移動の大きなプッシュ（押し出し）要因とプル（引き出し）要因を形成するが、国際労働力移動は受入国政府の政策により大きく規定される。言い換えると、受入国政府の入国管理制度によって労働力の流入の規模と属性は大きく規定されることになる。

Tの家族の流入を促した政策上の要因は、１９８９年に改定された出入国管理及び難民認定法で、身分又は地位に関する「定住者」の在留資格が新設されたことにある。定住者という在留資格は、「法務大臣が特別な理由を考慮し、一定の在留期間を指定して居住を認める者」に適用される。在留期間は、5年、3年、1年、6か月である。定住者は、予め法務大臣が告示した条件に該当する「告示定住者」とそれ以外の「告示外定住者」に分けられる。この告示定住者に該当する者に日本人と民族的出自を同じくする「日系2・3世の外国人」が含まれる。日系人であるTの家族は全員、1998年に「定住者」の在留資格で来日している（父親は1991年初来日、98年に再来日）。

「定住者」の新設が労働力不足の解消を目的とするものであったことはよく知られている。実際、「定住者」の新設は多くの日系南米人の出稼ぎを促すことになった。「定住者」は身分または地位に関する在留資格であるため、日本国内での移動も職業選択も自由である。Tの父は、先に出稼ぎに行った同国人の姿を見て出稼ぎを決意し、最初は単身で来日し3年間働いた。帰国後の仕事が思うようにいかず、Tの父は98年に家族を伴って来日した。一般に、家族単位での国境を超える移動では、まず、働く者が単身で移動し、生活の見込みがたった段階で家族を呼び寄せるケースが多い。T家の3人が一緒に来日したのは、3年間の日本での勤務経験も踏まえ、Tの父にとって日本で生活していく見込みがある程度立っていたからであろう。

一般に、労働力受入国政府は、「短期間の低賃金労働力として自国の経済発展のために貢献してくれる外国人労働者」を好む。様々なコストやリスクを抱え込まないように、定住をみすえた「移民」ではなく、就労のために一時的に滞在することを前提に外国人を受け入れ、かつ厳格に管理しようとする。日本政府が、実質的に外国人労働力の導入のために活用してきた研修生・技能実習生制度は、この考え方を顕著に反映している。この制度は、①研修（実習）先の変更は認めず、②家族の帯同は認めず、③1年間や3年間の短期で帰国してもらう制度である。日本とほぼ同時期の1980年代後半から外国人労働力の導入に踏み切った韓国と台湾でも、日本の研修生・技能実習生制度と同様な厳格な入国管理制度が取られてきた。

上記の研修生・技能実習生制度における3つの条件は、働く外国人にとって極めて厳しい就労環境と生活環境を課すものとなる。劣悪な研修先や雇用先での就労を余儀なくされた場合、選択は「忍耐」か「逃走」のいずれかになる。家族帯同禁止によって家族は分断される。経済的な目的が達成できなかった場合でも、帰国させられる。特に渡航費用を借金して来るような場合には、短期限定の就労は厳しい条件となる。

厳格な管理の下に置かれる研修生・技能実習生とは異なり、「定住者」の日系人は、職業を自由に選択し、家族で移動することも、子どもを呼び寄せることも出来て、自由度は大きい。しかしこの自由度は、子どもの来日を容易にするとともに、来日した子どもを厳しい状況に追い込む要因ともなる。言葉も分からない異文化的な環境に投げ込まれる子どもに特別な配慮や支援がなければ、子どもが不適応を起こすことは容易に想像できる。宇都宮大学国際学部に進学を果たし、自分の指導学生となったある元外国人児童生徒は、初めて日本に来た時に「字もわからないし言葉も通じないこんなところでは生きていけない」と絶望的な気持ちになったと語っている。ただし、彼女の場合，「周りの人が親切で本当に恵まれた環境で暮らすことが出来て幸運だった」。

出稼ぎ目的で来日した当初は、数年間の滞在で母国に帰る予定の外国人労働者が大半だったと思われる。筆者らが日本での滞在歴20年を超えるペルー人に焦点を当てて行った調査からも、来日した当初から日本での長期滞在を望んでいた人はごく僅かであったことが明らかとなっている（田巻・スエヨシ、２０１５）。しかし、日本で生活していく中で、かれらは徐々に定住の意思を固めていく。これには、家族の適応状況、子どもの成長、母国の不安定な経済・政治状況、仕事上の苦労は少なくなかったにしても母国に比べると高い生活水準を実現してきたこと等の要因が関係する。特に子どもが日本社会に適応してくると、子どもの気持ちを大事にして良い環境で育てたい、子どもにしっかりと教育を受けさせたい等の理由で、定住化志向が強まる。

Ｔ家の場合も、当初は、数年間の滞在予定であった。しかし、小学校に編入したＴが毎日楽しそうに過ごしている姿を見て、Ｔ家の帰国の意思は徐々に弱まり、定住の意思が強くなっていった。しかし、中学校に入ってからＴの生活状況や行動が激変し、Ｔは不登校になり、その後、非行、犯罪へと走る。結果として、Ｔは、少年院、刑務所、入管施設に長期間拘束される生活を続けてきた。そして、家族は分断されてきた。Ｔ家は、現在も先が見えない分断状態に置かれている。

この現実の根本的原因は、日系人の長期滞在化やその子どもたちの増加という事態を十分想定せずに、日系人労働者とその子どもが容易に来日できる制度設計をした政策と、異文化環境に投げ込まれる子どもを受け入れる十分な体制を準備・整備しなかった政策上のズレである。外国人の子どもが不利な状況に置かれることには、日本では一般にエスニックな社会関係資本が乏しいことも関係する（樋口・稲葉、２０１８）。例えば、移民の規模が大きく、特定の地域に集住する傾向が強いアメリカでは、移民第2世代であっても移民コミュニティ内部での友人関係が多い傾向がみられる。しかし、日本では、移民第2世代は日本の学校で同級生のほとんどは日本人という環境に入っていく。「日本語指導が必要な外国籍の児童生徒の在籍人数別学校数」の構成比をみると（文部科学省「日本語指導が必要な児童生徒の受入状況等に関する調査（2016年度）」の結果について）、小学校では、1人37・6％、2人19・8％、3人10・1％、4人6・6％、中学校では、1人48・0％、2人18・3％、3人8・6％、4人4・9％となっている。小学校では、外国人児童数が4人以下の学校が全体の74・1％を占める。中学校の場合は、79・8％である。

「定住者」の在留資格が新設されなければ、Tの父が来日することはなかった。そして、Tが来日することもなかった。

3　再非行に至らせた環境―法務総合研究所の報告書から

Tの最初のつまずきは、中学入学後数か月で不登校になったことである。第2のつまずきは、不登校から非行に走ったことである。第3のつまずきは、最初の少年院を仮退院したあと数か月で再非行に走ってしまったことにある。再非行の問題を考えるうえで、法務総合研究所がまとめた調査結果は非常に参考になる。法務総合研究所は、2010年6月1日から同年11月30日の間に全国の少年院に在院し、又は新たに収容された外国籍（特別永住者を除く）を有する少年又は日本国籍を有していても日本語が不自由である等日本人少年と異なる配慮を有する者90人を対象にした調査を実施した。来日外国人非行少年の全体的な動向として、来日外国人非行少年の少年院入院者数は、1996年以降2003年まで増加し、2003年の104人をピークに減少傾向に転じた。また「外国人等で日本人と異なる処遇上の配慮を要する少年」に判定され、同処遇を受けている者は、2008年までブラジル国籍が7–9割を占めていたが、最近は多国籍化が進んでいるという。

報告書には、少年院在院中に係る生活環境事件記録及び仮退院後の保護観察記録を閲覧することで、仮退院期間中の生活状況及び保護観察処遇の状況を調査した31の事例のうちいくつかが紹介されている。その中から特にTの事例と類似している事例および逆にTの事例とは対照的な2つの事例を、やや長いが引用する。

◆事例1　不良交友の再開により再非行に走ってしまったケース（73－74頁）

少年は日本で出生した南米系の日系人であり、小学校低学年までは外国人学校に進学していたが、授業料が高かったことから小学校4年生で公立小学校に転入した。中学校入学後本件共犯者ら（日本人）と遊ぶようになり、夜遊びなどで補導され、中学校を退学となった。両親とも仕事中心の生活で本人の監護があまりできない中、不良仲間と非行を続けるうちに、いわゆるオヤジ狩り（強盗致傷・障害）を仲間とともに惹起《じゃっき》し、初等少年院送致決定を受けて入院した。

本人は日本出生であるものの、公立小学校に転校した後にようやく本格的に日本語を勉強し始めたこともあり、入院時においても小学校低学年の読み書きしかできなかった。本人から保護司に充てた手紙の中でも整った漢字が書けるようになるなど一定の日本語の能力を身に付け、少年院在院中に中学校卒業証書を取得した。同居する実父母は日本語をあまり話せなかったことから、少年の仮退院前の生活環境の調整段階では、保護司又は母国語で記載された書類及び通訳を利用して両親に制度の説明を行い、仮退院後の生活等について話し合っている。

特別順守事項として、共犯者との接触の禁止や深夜徘徊の禁止が定められた上で仮退院となり、両親のもとに帰住して保護観察が開始された。本人は高校進学を希望しており、仮退院後、アルバイトをしながら高校進学に向けて準備を開始したが、しばらく経ってから、不良仲間からの連絡や接触があったため指導を受けている。保護司が往訪した際に母親に本人の生活状況を確認したところ、夜は夜勤のため本人の状況は分からないと述べていた。本人はアルバイトをしながら高等学校（単位制）への入学を目指していたが、合格には至らなかった。そのような生活を送る中で、不良仲間の家で非行の自慢話をするうちにエスカレートし、日本人２人とともに本件と同様のオヤジ狩り（強盗致傷）を惹起し、警官に逮捕された。当該再非行により本件保護処分は取り消しとなり、再度中等少年院への送致が決定された（筆者注：新少年院法が２０１５年６月１日に施行される前は、少年院は、初等・中等・特別少年院に分類されていた。現在は、第１種から第４種に分類されている）。

◆事例２　就労を継続しながら地域の学習教室に通い高校に合格して退院許可となったケース（72－73頁）

少年の父母は南米日系人であるが、少年は日本で出生し母国での生活経験は無い。両親は不仲で実父は別居しており、兄弟にも非行による少年院入院歴があるなど家庭環境は良くなかった。中学校入学後から不良交友、バイクの窃盗や万引き等の非行が始まり、本件非行（窃盗）により初等少年院送致となった。なお、家庭裁判所からは、本人の家庭環境の悪さや母親の監護能力の問題などを理由として、本人の更生により適した帰住先の確保も視野に入れて早期の段階から帰住先の調整を行うよう生活環境の調整の措置が要請されている。

本人は少年院に入院した後の生活環境の調整の段階において実母と協議・調整した結果、引受人であった実母は本人の交友関係改善のため、本人が仮退院となる前に転居することを決断した。遵守事項として就労の継続や共犯者との交際の禁止が設定され、本人は当該居住地を帰住先として仮退院し、保護観察が開始された。開始時の処遇段階はB段階で、無職等対象者の累計認定を受けている。

保護観察処遇においては、早期の就労とその継続、定時制高校への入学などにより、将来の目標設定を確立することが目標とされた。本人は仮退院後すぐに自動車関連会社への就職が決まり就労を開始している。本人が高校への進学を希望したため、受験準備のため地元のNPOが開催する基礎学習支援教室に通うこととなった。本人の就業先は、賃金はそれほど高くなかったものの、人間関係に恵まれ労働環境も良好だったことから、保護司は本人に対して、転職等を考えずに地道に勤務を続けるよう励まし続けた。仕事と勉強を両立させながら受験の準備を行った結果、本人は無事に夜間部の高校に合格し、その後も安定した生活を続け、退院許可決定により保護観察は終了した。

事例1について、報告書は、本件非行は、両親が夜勤のために目が行き届かずに不良交友が急速に進む中で、共犯少年らと同調して事件を起こしたものであるが、仮退院後の再非行事件も全く同様の構造を有していること、一般的に不良交友のある少年の場合、親による適切な監護、就学や就労、場合によっては転居による生活環境の変化等が更生に向けての1つの転機となることも多いが、本事例については、仕事中心で監護が期待できない親の事情や、当該地域において本人が活用できる社会資源についても限りがあったなど、本人が外国人であることにより、再非行を防ぐための手段や働き掛けが限定されていたケースであったと考察している。

事例2について、報告書は、生活環境の調整の段階で引受人が本人の交友関係を危惧して転居することを決断したことや、仮退院後も保護司の的確な励まし等もあって就労を継続出来たこと、また、本人が進学を希望した際、外国人少年向けの学習支援教室等の社会資源も活用され得る環境にあり、本人も努力を重ね高校へ入学できたことなどが少年の生活が安定していった要因と考察している。また、本人が、学校の時にいじめられた経験もあったが少年院では日本人と同じように平等に扱われてうれしかったこと、就労先でも同僚や先輩が受け入れてくれて本人を馬鹿にしたりしなかったため就労を継続できたこと等を述べている点は、来日外国人非行少年の処遇を考えるうえで参考になるものと指摘している。

ある少年院の首席調整官は、仮退院した少年が更生できるか再非行に走るかは、以下の2点に決定的に左右されると語る。すなわち、①生活基盤（就学、就労、居場所等)を得ることが出来るか、②不良交友関係を断つことが出来るか、である。上記の2事例も同様のことを示唆している。Tの場合を振り返ろう。

Tは、2003年10月頃少年院に入院、少年院在院中2004年3月に中学校卒業証書を取得、同年2004年11月頃に少年院を仮退院している。Tの引受人は両親で、帰住先としてTは自宅へ戻った。保護観察官は度々自宅を訪問し、不良交友関係に注意を促すが、街中で昔の不良仲間に発見されたことを契機に、Tへの不良交友への誘いが繰り返される。夜遊びが原因でパン屋での就労は1週間足らずで終わる。当時のことを振り返り、Tの母は、日本人の不良仲間からの執拗な誘いを「悪夢だった」と語るとともに、仕事が忙しくてTの面倒を十分に見られなかったと語る。

報告書は、日本人の非行少年と比較して、外国人非行少年が生育上不利な状況に陥りやすい要素の1つとして、親の監護能力をあげている。少年が不良交友を断つためには保護者の果たす役割が大きいが、親の監護能力が極めて不十分な場合が少なくない。仕事中心で子どもの面倒が十分に見られないという問題に加え、親の日本語能力の低さが、保護者と保護観察官あるいは保護司とのコミュニケーションを困難とさせ、少年の再非行状況に好ましくない影響を与える。Tの母は日本在住歴20年を経過した現在でも、挨拶程度の片言の日本語能力である。

上記の主席調整官は、仮退院する入院者の引受人が保護者であるケースのなかで、「この保護者で大丈夫だろうか」と思えるようなケースがあるという。しかし、そんな保護者でも「引受人になります」と言われれば、他の選択肢を強要することは出来ないという。また、別の総括調整官は、義務教育課程を終了して間もない少年の引受人は事実上保護者に限られるという。

Tの両親の「監護」に対する意識に甘さがあったとは言えるかもしれない。しかし、仕事のため保護者の夜間の監護が難しかったこと、日本語能力が低く関係者とのコミュニケーションが困難であったこと等、監護を困難にする条件が重なっていたことも事実である。結果として、監護能力の乏しい保護者を引受人として自宅に戻ったTは、不良交友関係を断つことが難しい環境に投げ込まれることとなった。

事例2からは、引受人が本人の不良交友関係を危惧して転居することを決断したこと、保護司の的確な励まし等があって就労を継続出来たこと、学習支援教室等の社会資源も活用され得る環境にあったこと等の要因が、少年の生活を安定させる要因として大きな役割を果たしたことが示唆されている。

「悪夢」を語る母の声は悲痛である。「本当に私たちの人生を壊したのは中学校で知り合った日本人の不良グループなのです。私たちはいつもTにちゃんと正しいことと悪いことを教えていたのです。でもその中学で不良の子たちに知り合ったことが彼の人生最大の不幸・不運であり、私たちの人生を壊すきっかけだったのです」（母）。

報告書は、来日外国人非行少年の社会内処遇の進め方としては、少年に対する処遇で必要となる要素は日本人少年に対するそれと大きな違いはない（適切な教育、安定した就労、家庭環境の改善、不良交友の断絶）が、実現する過程にはより多くの困難が生じがちであり、克服するための方策が必要と主張している（79頁）。

4　発想になかった高校進学

中学校で学ぶ場を得られなかったTは、少年院で貴重な学びの場を得ることとなる。先の報告書は、90名の外国籍少年院入院者のほぼ全員が、在院中に、日本語能力を向上させ、又は、「日常会話可」以上の水準を維持していると述べている。Tも日本語を丁寧に教えてくれた少年院のことを楽しそうに振り返っている。Tは、少年院を仮退院後3か月くらいして、ハローワークでアルバイトを探し始めているが、そもそも、仮退院後に仕事を探すのではなく、高校進学を目指すという選択肢はなかったのだろうか。

少年院入院中に高校を受験することや就職先を決めることは可能であるという。Tの場合、1年の処遇措置で入院し、約半年後の3月に中学の卒業証書を取得しているので、この卒業時期に合わせて高校を受験することは無理であった。Tは２００５年頃に仮退院しているので、高校を受験するとすれば、２００６年の春であった。「中学校ではほとんど勉強できなかったので高校へ行くことは考えられなかった」とTは語っているが、定時制課程の在籍学生の約３割が不登校経験者であるという現実がある。

少し古いデータになるが、２０１１年度文部科学省委託事業「高等学校定時制課程・通信制課程の在り方に関する調査研究」（公益財団法人全国高等学校定時制通信制教育振興会）から定時制と通信制生徒の状況・特徴をみておくと、定時制高校では不登校経験者31・３％、外国籍生徒３・０％、通信制高校では不登校経験者14・６％、外国籍生徒０・６％である。また、２００８年度まで日本語指導を必要とする高校生数は、全日制在籍者が一番多かったが、２０１０年度に全日制在籍者と定時制在籍者の数が逆転し、その後も定時制在籍者の増加率が全日制に比べて高い。最新の数字（２０１４年度）を確認しておけば、総数２、９１５人、定時制１、５４７（53・１％）人、全日制１、３５１人（46・３％）、通信制17人（０・５％）となっている。日本語指導を必要とする生徒の半数以上が定時制で学んでいる現実がある。

外国人生徒の定時制や通信制への進学を促す要因として、まず、入学が容易だと言う事実がある。定時制は学力の面からみて、全日制に比べてはるかに入学が容易である。通信制は、「いつでも、だれでも、どこでも」を標榜しており、基本的に入学を希望すれば大半が入学できる。外国人生徒が定時制高校や通信制高校を進路先に選ぶ２つ目の要因としては、共通して、年齢・生活環境・国籍等が多様な生徒が在籍しており、全日制高校のような学力主義・集団行動・画一的雰囲気が少なく、「学びやすい」学校文化や環境が存在することが大きく関係しよう。

日本語指導が必要な高校生の在籍状況を課程制別にみれば、全日制課程に比べれば入学がはるかに容易で、年齢・生活環境・国籍などが多様な定時制課程は、不登校経験者及び外国人生徒の有力な進学先となっている。

日本人生徒の99％が高校進学している時代状況の中で、日本社会で定住していくのであれば、外国人生徒にとっても高校進学はキャリア形成にとって最低限の1つの条件と言える。また、高校進学が目標として定められれば、更生のための大きな動機付けともなろう。

Tにとって高校進学が選択肢として浮上しなかった原因の1つは、Tと中学校との関係が切れていたからであろう。Tは数か月しか中学校に行かなかった、Tの少年院入院の情報が在籍中学校に伝わっていなかった、少年院が非常に遠くて行くことが難しかったこと等の理由が考えられるが、いずれにせよ、少年院入院中に中学校の関係者は一度も面会に行っていない。Tの中学校卒業時期は入院中の中間期だったこともあり、院内でも高校進学に関する話題は出なかったと思われる。一方、両親は定時制課程の存在について全く知らなかった、と当時を振り返る。高校進学に関する情報提供者も支援者もTの周りにはいなかった。

少し前に、北関東のある県の定時制高校での生活体験発表会を聞きに行ったことがある。発表者15人は全員不登校経験者であった。ほぼ全員がその時のつらい経験を語るとともに、様々なきっかけで定時制課程につながり、現在学べていることの楽しさを語っていた。定時制高校では多くの不登校経験者と日本語が不自由な外国人生徒が学んでいる。十分な情報提供者と支援者がいれば、Tの高校進学もあり得たのではないかとの思いが禁じ得ない。

5 「罪と罰の均衡」（1）

Tは、刑務所服役中に在留資格の更新申請が却下されて「不法状態」になり、仮釈放されたその日に退去強制手続が取られて入管施設に収容されている。入管法は、退去強制手続きが刑事手続きと独立して進行することを前提としつつ、退去強制令書の執行は、原則として、刑事手続きが終了した後に行うものと定めている。入管法第64条、「矯正施設の長は、…当該外国人に対し収容令書又は退去強制令書の発付があったときは、入国警備官による収容令書又は退去強制令書の提示を待って、釈放と同時にその者を当該入国警備官に引き渡さなければならない」。

しかし、この法的手続きによって、少年院や刑務所で、仮退院、仮釈放さらには刑期満了を意識して取り組んだ矯正教育や更生改善事業の成果を発揮する機会は与えられないこととなる。仮退院から入管施設へ、仮釈放あるいは刑期を終えて入管施設へすぐに収容された場合、誰でも絶望的な思いを抱くのではないか。ある少年院の院長は、少年が仮退院したその日に入管職員によって連れていかれるケースを何度か見てきたが、特に院内で真面目に頑張った少年が連れていかれた時は涙が出た、と語る。他の少年院の院長や主席調査官も、「やるせない」、「せつない」という言葉を使った。

このようなケースは、「罪と罰の均衡」とか「二重の処罰」という概念で問題視されてきた。この点に関しては、まず、外国人の非行少年に退去強制令が執行された問題についての丹野清人の考察を参照しておく（丹野、2017）。

少年Bは、デカセギ労働者として働いていた母の呼び寄せで1992年にペルーから10歳で来日した。小学校6年の時に学校生活に馴染めなくなり、中学1年生の終わりに不良グループの中に自分の居場所を見つける。不良グループとの時間が多かったとはいえ、学校だけが唯一の居場所であり、中学校には通い、先生の勧めもあって定時制高校に進学した。しかし、授業についていけず、暴力事件も起こして入学後2か月で高校を退学する。退学後働き始めるが、軽い気持ちで友人からの誘いに乗って窃盗障害を起こすとともにシンナー吸引をしてしまい、少年院に送致される。少年院退院後、洗濯機の窃盗事件で懲役1年6月、執行猶予5年（保護観察付）の実刑判決を受ける。執行猶予判決後1年ほどして、唯一の理解者だった祖母が亡くなったこともきっかけとなり、精神的に不安定になり、仲間からの誘いもあって覚せい剤取締法違反及び道路交通法違反で3年の実刑判決を受ける。服役中に母が在留期間更新許可申請を行うが不許可となり、「不法滞在」状態になって直ちに退去強制手続きが開始された。

弁護側が少年Bの弁護活動において最も強調していたのが「罪と罰の均衡」の問題である。「考慮されなくてならないのは、身体的な拘束と強制的な移動という重大な不利益を科して刑罰を受けた（※注　Bの場合、懲役3年の実刑判決）後に、それと社会的事実を全く同じくする理由で退去強制手続きがなされるということだ」（76頁）。形式的には行政罰の形態を取っていても、実質的に刑罰の併科と評価される場合、二重の処罰の問題と見なすべきで、特に幼少期に来日して成長過程で日本に生活基盤を築いた外国人については、生活のすべてを奪ってしまうような退去強制手続きは、実質的に刑罰の併科と評価すべきだ、と弁護側は主張した。そして、その立場に依拠して、非行や犯罪はBのみの責任に帰されるべきものではない、既に長期に及んでいる日本滞在の事実が国籍国での生活基盤を消失させており強制送還はBの尊厳ある存在を危うくするものであること、強制送還は家族を離散させてしまう、こと等が主張された。

少年BとTのケースが多くの共通点を有していることは明らかである。2人とも日系人の子として10歳で来日した。中学に入ってから不良グループの中に居場所を見出した。Tは中学生の時、Bは高校生の時という違いはあるが、窃盗等の非行で少年院に送致された。少年院退院後、犯罪を犯し懲役刑に服することとなり、服役中に在留資格を失っている。退去強制令に対してBが異議申出をしたのは、2007年半ばで25歳、日本での滞在歴は15年程経ったときである。大きな違いは家族構成と家族の中での役割である。弁護側は、Bは母と妹の3人家族である中、母が病気で長時間の労働は厳しい中、Bが働くことによって得られる収入は家族にとって必要不可欠であり、Bは妹の父親的存在であった、と主張した。

この事件は約1年後に在留特別許可が認められ、Bに「定住者」の在留資格が与えられた（母と妹は永住者の在留資格を有する）。丹野は、入管当局に在留特別許可を発付することを決意させた大きな要因は、理屈よりも、家族関係や生活基盤の在り方を示す圧倒的な量の家族の生活史資料ではなかったかと述べている（83頁）。

6 「罪と罰の均衡」（2）

Tのケースを「罪と罰の均衡」という視点から整理し直してみよう。

Tは強盗の被疑事実で逮捕され、7年の実刑判決を受けた。服役中に父が代理で在留資格更新許可申請をするが認められず「不法状態」となる。入管のこの判断に7年の実刑判決が重く影響したことは間違いない。Tは「不法状態」で服役を数年続け、仮釈放を勝ち取るが、仮釈放されたその日に入管施設に収容されている。そして、入管施設での収容はすでに2年を超えている。

刑罰の併科とは、退去強制という行政罰が実質的に刑罰と同じくらいあるいはそれ以上の「苦痛」を与えるという問題である。言い換えれば、退去強制が有期の懲役刑以上の「苦痛」を与えることの問題性が問われる。そして、この「苦痛」の度合いは、対象者の日本での生活状況に大きく規定されることになる。この場合にカギになるのは、先のBのケースでも確認した2つの事項、すなわち、家族との関係と生活基盤の在り方である。

Tが起こした行政訴訟に対して、入管や裁判所が主張していた内容をもう一度確認しよう。「同人（筆者注：原告の父、母、弟のこと）らが、△△△に渡航して原告に会うことは可能であると解されるから、原告が本国に送還されることは、必ずしも原告と本邦に滞在する家族を永久に離別させることにはなるものでもない」。母語能力、若さ、健康等の諸要因を踏まえ、本国に戻っても、「帰国後の更なる会話能力の発達が期待できることをも考慮すれば、その生活に大きな支障が生じるものとは認め難い。これに加えて、原告が本決採決当時、健康上の問題のない稼働能力のある28歳の成人であったこと、原告の父のきょうだいは全員△△△におり、その協力が得られないような事情はうかがわれないことに照らすと、生計を維持していくことが著しく困難であるとまでは認め難い」等。

「7年は重い。そして、20年は長い」。これは、Tのケースを紹介し、意見を求めた時にある弁護士が発した言葉である。Tが起こした犯罪に対する刑罰として、7年の量刑が妥当なのかについての法的な議論は出来ない。しかし、7年の実刑判決を受けたことは、在留資格の更新を認めない根拠となり、Tの「悪質性」を認定する絶対的根拠とされてきた。そして、服役中の更生に向けた努力は、Tの「悪質性」の認定に全く影響を与えないものとして評価の対象から排されている。

20年はTの日本での在住期間である。短期の帰国が一度あるだけで、Tは20年の間一度も本国に帰っていない。弁護士は、「数年の空白で帰るならまだしも、20年帰っていない国に戻ったとして、まともに生活できるとはとても思えない。20年は長い…」と語る。

先の入管や裁判所の判断は、一般的な可能性を論じているだけである。この論理に従えば、どんな環境に投げ込まれても、すべての人間は著しく困難であるとはいえない生き方をする可能性があることになる。個別の事情や背景を考慮しない考え方は、とりわけ入管に象徴的であると言える。Tが刑務所服役中に「不法滞在」になったのは、在留期間更新許可申請が認められなかったことと出国の自由がなかったことが原因であることは明らかであるが、入管は、「理由や目的のいかんを問わず」という驚くべき論理で、「不法滞在」は悪質な行為と断じていた。

退去強制が対象者に与える影響は、日本での滞在が一時的で日本にあまり生活基盤がない外国人と、日本にのみ生活基盤が認められるような外国人とでは、全く意味が異なったものとなる。退去強制で家族との分断が決定的になり、生活基盤のない本国に帰される場合、その外国人は最も大きな苦痛を与えられることになる。

Tの家族が本国に帰る可能性はない。このことには以下の事情も関係する。「Tが帰国してしまった場合、少しばかり送金をすることは出来るかもしれない。しかし、それ以上のことは出来ない。私たちには、次男の面倒を見ることが優先される。一度△△で不適応を起こした次男がいるので、私たち家族は日本で暮らす。20年戻っていない本国でTが生きていくことは大変なので、出来れば日本で一緒に暮らしたい」（母）。母はまた、すでに本国の親戚たちとの関係も切れていると語る。「日本に在住していた親戚（夫の甥など）はＴが犯罪を起こしたことで私たちを非難するようになった。かれらは帰国した後、Ｔの犯罪について親戚に触れ回った。△△の親戚からは、私たちを頼りにするのはやめてくれ、私たちを探さないでくれ等のことを言われ、すでに関係は切れている」（母）。

「私は兄の看病のため、一度は△△に暮らすことを考え、家族とともに２０１２年夏頃△△に帰国したのですが、日本で生まれた次男が△△での生活になじめなかったことから、私は再び日本で暮らすことを決めたのです」（父「供述調書」２０１５年）。

Ｔにとって、日本からの退去強制は、家族から引き離され、幼いころから築き上げてきた生活基盤のすべてが奪われることを意味し、Ｔは大きな苦痛を味わうことになる。そして、Ｔの送還は、家族にも大きな苦痛と損害を与えることは明らかであろう。Ｔは、「日本に来て大好きだったおじいちゃんとおばあちゃんの死に目に会えなかった。△△に帰されたら、父や母の死に目にも会えないことになる」と語る。日本人なら刑事責任を果たせば社会復帰の機会は与えられる。Ｔは7年の実刑判決に対する刑事責任を果たした後も、その同じ事実に規定されて、懲役よりも苦痛な状況に追い込まれる「不法滞在」状態に置かれている。「罪と罰の均衡」の視点は、犯した罪の重さと比較して、課せられる罰が重いことを問題視するものである。

入管施設に長期収容されていることも、同様の視点から問題視される。仮放免申請が理由の開示もない状態で繰り返し却下される。いつ施設を出られるのか分からない。家族にもう会えないかもしれない。いつ強制送還されるかもわからない。このような不安を感じながら、異物混合事案がかなりの数起きているような環境下で日々を暮らす。すべては入管の判断次第という状況の中での長期収容も、多くの場合、被収容者に有期の懲罰刑の苦痛を上回る苦痛を与えているだろう。

7　3つの夢

「今現在も出入国管理庁入国収容所東日本入国管理センターから出ることが第1の私の夢です。空想的な願望の仮放免。だけど近い将来実現したい願いは、たとえ仮に仮放免がもらえれば一番に神様に感謝致しまして、お祈りして賛美します。アパートに帰って両親と一緒に過ごしていろいろと話が出来たら幸いです。第2の夢が叶うために親孝行したいものです。第3の夢は、弟とも一緒にいたいことや弟の面倒をみたい。最後に自分自身の夢である人生をやり直すために学び直したいことが夢です。もし日本社会に役立つこともありましたら、日本社会にも役に立ちたいです。そのためには生かしてください。生かすべきだと思います。私は、学ぶためにも今からでも学びたいこの前向きな気持にもどうか日本政府応えてほしいと神様にお祈りをこれからしようと思います。私は日本で学び直すために△△県にはまだないかもわかりません。だけど夜間中学に通って、学歴が足りないので私から進んで夜間中学に通うことを考えています。この気持ちは変わりません。勉強が好きです。うまく行けばいずれは高校にも進学してｔｈｅｏｌｏｇｙ神学も学べることが出来たら大学に行くのも夢の一つです」（手紙、一部修正）。

参考資料

５つの参考資料を掲載した。資料１は、Ｔが東京地方裁判所宛てに提出した陳述書（２０１７年10月４日）である。資料２は、Ｔが６回目の仮放免申請をした際、筆者が作成・提出した嘆願書である。資料３は、大村入国管理センターでのナイジェリア人被収容者が死亡した事件を受けて、仮放免者の会（関東）が東日本入国管理センター長宛てに提出した申入書である。資料４は、大村入国管理センターにおけるナイジェリア人男性の死亡に関する記者と法務大臣の質疑である。参考資料５は、外国人の「長期収容」に関する台湾の司法院大法官解釈と出入国及移民法の改正である。台湾では、２０１６年11月16日の移民法改正によって、外国人の収容は人道上の観点から最長１００日と定められた。

□参考資料１

陳述書

東京地方裁判所　御中

２０１７年10月４日

私の家族は日本にいます。私の家族は、これからも日本で生活をしていきます。△△に私の家族はいません。私は、家族と一緒に生活をしたいです。そして、私は子どもの頃からもう19年も日本にいます。△△を出て日本に来たのは、１９９８年で、私はまだ10歳でした。弟は日本で生まれ育ちました。

私は、日本で暮らした期間が長く、今では△△語も満足に話すこともできなくなりました。一生の約３分の２を日本で暮らしていることになります。△△には知り合いもいませんし、言葉もできません。ですから、△△で暮らしていくのはとても難しいのです。

これらの理由から、私は日本で暮らしていきたいと思いますし、そうするしかはないと思います。私が過去に罪を犯したのは事実です。私はその罪を認めて、刑罰を受け入れ、罪を償いました。昔は、日本語も△△語もうまくできず、周りにも馴染めず、悪い仲間と付き合ってしまいました。刑務所に行くことになって強盗事件については、被害者の方々に謝りたいと思いましたし、弁償もしたいと思いましたが、逮捕されて以来、一度も外に出ることができておらず、お金もないので、未だに謝罪や弁償はかなっていません。しかし、今後外に出ることができれば、謝罪や弁償をしたいという気持ちは変わっていません。

そして当然のことですが、今後私が罪を犯すようなことはありません。刑務所では、しっかり働き、しっかり勉強もしました。ミシンでの縫製作業でポーチやサポーター、自動車のチャイルドシートに乗っている赤ちゃんに、シートベルトが食い込まないようにする「セキュアフィット」という商品の制作に携わりました。また、木材や金属製の部品にサンダー（ヤスリ）をかけたり、ドライバーやタッカー（鋲打ち機）を使って作業もしました。椅子や門扉、水道の蛇口の部品、新幹線の部品などの制作にも携わりました。

刑務所で6回懲罰を受けましたが、そのうちの3回は、私が悪いことをしたのが懲罰の理由ではなくて、部屋の中の人間関係がうまくいっていなかったために部屋を変わりたくて、担当の方と相談して、部屋を変わるために懲罰房に行くという形をとらざるを得ず、私もそれにしたがって懲罰を受けた、というものでした。また、不正洗濯での懲罰というものもありましたが、これは私が、石鹸を使ってタオルを洗ってはいけないという刑務所のルールに反してタオルを洗ってしまったことが原因です。また、けんかというものもありますが、これは相手が私を殴ってきたので、仕方なく防戦したというものです。このように、懲罰といってもいずれも軽いものですし、懲罰を受けた回数も、刑務所の中では少ない方です。

また、刑務所に入るまでは、いつも在留資格の更新をして、更新を認めていただいていました。刑務所に入ってからも家族に更新の手続きをしてもらったのですが、認められませんでした。そのためにオーバーステイになってしまったのです。

私は、犯罪で捕まるまでは、いろんな仕事の経験をしました。フォークリフトを操作するための免許や高所作業車の資格も持っていました。今では日本語も上達しましたので、在留が許されれば、日本で働いて生計を立て、家族を支えていくことが可能です。私は、これからようやく両親のために働いて、親孝行ができる年齢になりました。家族のために日本に残りたいです。そして日本の社会の役に立ちたいです。

両親は、私と一緒に日本で暮らしていくことを望んでいます。私も家族が暮らす日本で暮らしていきたいです。両親には弟には日本での生活の基盤があり、△△△に行って生活することはできません。ですから、もし私が△△△にいくことになれば、家族は離れ離れになります。そして、私が日本に戻ってこられない限りは、再び一緒に暮らすことはできません。私の家族は、△△△と日本を頻繁に行き来することはできません。

私の親戚は△△△にいるかもしれませんが、私が日本に来て以来、会ったことはないですし、連絡も取っていませんので、どこにいるかも知りません。

私がいまでは△△△語よりも日本語の方が得意です。△△△語は、やさしい△△△語ならわかりますが、そうではない△△△語は理解できません。私の父親は教養がある人ですが、父の使う△△△語は理解できないこともあります。今収容されている東日本入国管理センターの中には、△△△国籍の人も何人かいますが、私は彼らとコミュニケーションを取ることができません。

私の両親と弟は、今後も私の両親と弟であり続けます。その家族とこれからずっと会えないのは、耐えられないほどの苦痛です。私が法律を侵したせいで退去強制になったことは理解していますが、今一度、この苦痛の大きさを考えていただき、日本に残って挽回するチャンスをいただきたいと思います。

若い頃は、親の言うことを聞かずに迷惑をかけてしまいました。しかし、私は反省して頑張って、成長しました。以前とは違います。これから、家族のために、法律やルールを守って、日本で頑張って行きたいです。

□**参考資料2**

法務大臣殿
東日本入国管理センター所長殿

嘆願書

2019年4月12日

国立大学法人宇都宮大学教員の田巻松雄と申します。

現在、東日本入国管理センターに収容されている△△△さんの仮放免申請につきまして、格別のご配慮をいただきたく、嘆願書を提出させていただきます。

△△△さんとは、以前私が編集代表者として刊行した学習用語辞典（日本語―△△△語）をかれが教材として使っていたことが縁で、昨年5月に知り合いました。以降、少なくとも平均月1回の割合で面会に行き、様々なことを話し合ってきました。かれが行政訴訟を起こした東京地方裁判所と東京高等裁判所の訴訟記録は全文閲覧しました。

私は10数年外国人児童生徒教育問題を研究するとともに、地域貢献にむけた実践的な活動をしてきました。学齢期に日本語がほとんど出来ない状態で来日した児童生徒が孤立して不登校になり反社会的な行動に走ってしまうケースが少なくない現実がある一方で、関係者の理解と協力によって十分に学ぶ機会を得られたことにより日本社会に大きく貢献できる人材として成長した児童生徒が存在することを見てきました。

10歳で日本語が全く分からない状態で来日した△△△さんは中学校入学後まもなくいじめにあったことと勉強が分からなかったことが原因で不登校になり、中学卒業後に職に就くも安定せず転々とし、その後刑事事件を起こして刑務所に服役し、服役中に在留資格を失って「不法滞在者」となり、現在に至っています。外国人児童生徒に特有な転落パターンを経験してしまったと言えます。不登校状態だった時に、彼を支える関係者や環境がなかったことが残念でなりません。

現在、かれは過去の過ちを深く反省するとともに、日本で「学び直したい」、「やり直したい」、「親孝行をしたい」、「弟の面倒をみたい」、「日本社会に貢献したい」という希望を強く持っています。面会の度にかれの心からの願いを強く感じてきました。

多文化共生社会実現を目指す日本社会が、「学び直し」と「やり直し」を切望する△△△さんの訴えに向き合う社会であることを願わずにいられません。

どうか、仮放免申請に対して特段のご配慮を切にお願い申し上げます。

宇都宮大学国際学部教授　田巻　松雄

□参考資料3

東日本入国管理センターへの申入書

２０１９年7月17日

東日本入国管理センター所長殿
仮放免者の会（関東）

東日本入国管理センターにおいて、長期収容に抗議しての被収容者たちによるハンガーストライキ（ハンスト）が広がっている。そのなかで、ハンストが長期化して健康状態の悪化が深刻に憂慮される被収容者の一部について、貴職らが仮放免許可によって出所させていることは、適切な処置であると私たちは考えており、これを歓迎したい。

しかし、ハンストはいまも収束しておらず、あらたにハンストを開始する被収容者もあとをたたないという現状である。

周知のとおり、ハンストは抗議者自身の生命・健康を危険にさらしかねない抗議方法である。

6月24日には、大村入国管理センターでナイジェリア人被収容者が亡くなったばかりである。私たちは、今後また入管施設で死亡者が出ること、あるいは死亡にはいたらないまでも、被収容者の出所後の生活・人生において支障が出るような健康被害・後遺障害が生じることを、強く危惧している。収容長期化が深刻化しているなかでハンストが広がっているという現状は、こうした危惧をいっそう強くいだかせるものである。

このハンストを収束させるためには、長期収容を今後回避していくという姿勢を貴職らが明確に示す以外に方法はない。

法務省の公式ウェブサイトによると、山下貴司法務大臣は7月2日の記者会見で、大村センターでのナイジェリア人被収容者が死亡した事件を受けて、つぎのように述べたとのことである。

「健康上の問題等のため速やかな送還の見込みが立たないような場合には，人道上の観点から仮放免制度を弾力的に運用することにより，収容の長期化をできるだけ回避するよう柔軟に対応しているところです。」

現在の収容長期化は、この大臣の発言とはうらはらに、「速やかな送還の見込みが立たないような場合」であっても貴職らが収容継続に固執してきたことから生じている問題であると私たちは認識している。退去強制令書発付処分を受けた人が、長期間にわたって収容されても日本での在留をあきらめられないのは、帰るに帰れない事情をおのおのかかえているからである。その事情とは、国籍国に送還されれば迫害等により身の危険が予想されること、送還によって家族と引き離されてしまうこと、あるいは日本での在留が長期間にわたり国籍国での生活基盤がすでに失われていることなど、それぞれに切実なものである。こうした切実な事情があるからこそ、きわめて過酷な長期収容にも耐えざるをえないのであって、そうでなければ、とっくに帰国しているはずなのである。

そのような帰るに帰れない切実な事情をかかえている人たちを、「送還の見込みが立たないような場合」であっても貴職らが長期間にわたって収容しつづけているということこそが、現在ハンストが広がっている事態の根本的な原因としてあるのである。

したがって、くり返し犠牲者を出してしまう前にこのハンストを収束させるためには、法務大臣の「送還の見込みが立たないような場合には，人道上の観点から仮放免制度を弾力的に運用することにより，収容の長期化をできるだけ回避するよう柔軟に対応している」との言葉を、貴職らが明確に行動をもって示す以外にない。

以上をふまえて、2点申し入れる。

1．2年をこえる超長期被収容者からすみやかに仮放免すること。

私たちは、2010年に仮放免者の会を結成して以来、6か月以上の収容を「長期収容」と位置づけ、これに反対してきた。貴職らに対しても、この意味での「長期収容」をしないよう、これまで再三にわたり申入れてきた。

6か月をこえるような収容は、高血圧・不眠等の拘禁症状を発症させるなど、被収容者の心身への負担がいちじるしく、人権・人道上の問題が大きい。また、こうして収容が長期化することは、送還の見込みが立たないにもかかわらず収容が継続されていることの証左でもある。送還という、収容のそもそもの目的を達する見込みがないのに長期にわたり収容をつづけるのは、いたずらに被収容者の心身に苦痛を与え、その健康をそこなわせることにしかならない。

こうした観点から、私たちは6か月をこえる長期収容に反対してきたが、こんにちではこれを大きくこえる「超長期」とも言うべき度をこした長期収容が常態化している。現在ハンストをおこなっている被収容者のなかにも、収容期間が4年をこえる人すらいる。このような超長期の収容が横行しているということこそが、帰るに帰れない被収容者たちの多くを絶望に追い込んでいる。この絶望が、多数の被収容者をハンストという危険な抗議手段に向かわせ、またあいつぐ自殺未遂・自傷行為を引き起こしているのである。被収容者の生命を守るための緊急の必要として、まずは2年をこえる超長期の被収容者たちから仮放免することをもって、収容長期化を回避すべき問題ととらえるこのたびの法務大臣発言を、貴職らが被収容者たちに行動をとおして明確に示すべきである。

2．高血圧症や心臓疾患などの持病があり収容継続が危険な被収容者、収容による精神疾患者を即刻仮放免すること。

収容期間にかかわらず、こうした被収容者を即刻仮放免すべきであることは、入管施設における死亡者をこれ以上出すことを絶対に避けなければならないという観点から当然のことである。

（以上）

□参考資料4

法務大臣閣議後記者会見の概要（2019年7月2日㈫）

大村入国管理センターにおけるナイジェリア人男性の死亡に関する質疑について

【記者】6月24日、長崎県の大村入国管理センターで、ナイジェリア人男性が死亡するという事件が発生しました。3年7か月の収容と4回の仮放免却下を経て、ハンガーストライキ中に個室で放置されていた状態で死亡したということであり、こういった事案が全国の施設で多発していると思います。弁護団なども意見書などを書いていますが、2015年以降，仮放免措置の厳格化を求める通達や指示が法務省入国管理局長から出されていることが大きな影響を及ぼしているのではないかということで、申入れもありました。第三者機関による調査や、仮放免の運用審査そのものについても第三者機関による調査が必要ではないかという意見書も出ていますが、大臣はこのような実態についてどのようにお考えですか。特に、行政の対応について、政治家として、どのような対応が必要とお考えですか。

【大臣】御指摘のとおり、本年6月24日午後1時過ぎ，大村入国管理センターに収容されていた40代のナイジェリア人が、職員の呼び掛けに応じず、意識がない状態であったことから、直ちに救命措置を執るとともに、救急隊の出動を要請の上、病院へ搬送しましたが、同日午後2時11分、搬送先の病院で死亡が確認されたとの報告を受けています。亡くなられた方には、心からお悔やみを申し上げます。

出入国在留管理庁には、本件に関し、当該被収容者が死亡に至った経緯等を確認するよう指示しており、同庁においては、6月24日に即日、調査チームを立ち上げ、事実関係の調査を実施しているところです。私としては、この調査の結果を踏まえ、様々なことを考えていく必要があるだろうと考えています。これを受けて、御指摘のように、複数の団体から、大村入国管理センターに対して、同センターに収容している被収容者の早期仮放免等を求める趣旨の申入れがなされていることについて、出入国在留管理庁から報告を受けています。

しかし、入管の収容施設は、退去強制が決定された者を、その送還までの間収容する施設であり、被収容者が退去強制令書に従い出国することで、直ちに収容状態が解消されることになります。したがって、長期にわたる収容状態を解消するためには、法令に基づき、速やかな送還を図ることが最も重要であると認識しています。

その上で、健康上の問題等のため速やかな送還の見込みが立たないような場合には、人道上の観点から仮放免制度を弾力的に運用することにより、収容の長期化をできるだけ回避するよう柔軟に対応しているところです。

他方で、被収容者の中には、我が国において罪を犯したために刑罰の適用を受けたことにより、退去強制令書の発付を受けた者など、一刻も早い送還を優先し、仮放免をすることが適当ではない外国人も存在しており、このような者については、速やかな送還に努めてまいりたいと考えています。

さらに、在留特別許可を与えるか否かについては、従来から、個々の事案ごとに、在留を希望する理由、家族状況、素行等諸般の事情を総合的に勘案して判断しており、今後ともこのような判断を適切に行ってまいりたいと考えています。

【記者】 今までは仮放免を柔軟に対応したり、在留特別許可でも年間1万人を越えていた時期もあります。そういった今までの入管の対応と、入管局長の通知・通達が2015年以降3回出ているのですが、それ以降の入管の対応とが全く変わってきてしまっています。なぜ、今までの柔軟な対応を変えなければならなかったのか、大臣のお考えを聞かせてください。

【大臣】 御指摘の通達は、むしろ仮放免について実態に即して弾力的に活用するということを示した通達であろうと私としては認識しています。他方で、そういった柔軟な対応が相当でない、例えば我が国において罪を犯したために刑罰の適用を受けたことにより、退去強制令書の発付を受けた者などについては、弾力的な運用が適当ではないのではないかと考えており、必ずしも御指摘は当たらないのではないかと考えています。

なお、運用の詳細については、当局から説明させることも考えています。

（以上）

□参考資料5

台湾における「長期収容」に関する司法院大法官憲法解釈と出入国及移民法の改正

Ⅰ．**司法院大法官解釈**（大法官釈字第708号解釈）【退去強制外国人の収容案について】

中華民国102年（2013年）2月6日公布

出所：司法院大法官　http://cons.judicial.gov.tw/jcc/zh-tw/jep03/show?expno=708

◎解釈の争点

外国人が退去強制されるまでは移民署によって一時的に収容されるが、収容対象者に対する司法救済が行われていない。また、一時収容の期間を超えての収容は、裁判所の審査決定によるものではない。これらは憲法に違反するのではないだろうか。

◎解釈文

中華民国96年（2007年）12月26日に修正公布した出入国及移民法第38条第1項：「外国人が下記のいずれかに該当する場合、出入国及移民署は同外国人を一時的に収容することができる…」（並びに中華民国100年（2011年）11月23日に修正公布した同条項：「外国人は下記のいずれかに該当する場合…出入国及移民署は同外国人一時収容することができる…」）の規定は、該当外国人を出国させるまでの合理的な作業期間としての一時収容について、一時収容される該当者に司法救済を求める機会を与えていない。また、一時収容の期間を超えての収容についても、裁判所の審査決定によるものではない。これらは憲法第8条第1項「人民身体自由の保障」という旨に反することとなるため、本解釈が公布した日より2年間以内に同規定は失効する。

Ⅱ．出入国及移民法

出所：全国法規資料庫　https://law.moj.gov.tw/LawClass/LawAll.aspx?pcode=D0080132
中華民国105年（2016年）11月16日修正

第6章　退去強制および収容について（第36条－39条）

第38条（一部翻訳）
外国人は退去強制の処分を受けて、下記のいずれかに該当し、かつ収容せずに退去強制が難しい場合、出入国及移民署は同外国人を一時収容することができる。一時収容の期間は最長15日間を超えてはいけない。そして、一時収容の処分が確定されるまでに同外国人に意見陳述をさせる機会を与えなければならない。

第38－4条（全文翻訳）
一時収容期間が満期する前に、出入国及移民署は被収容者を継続収容する必要性があると判断した場合、一時収容期間が満期する5日間前までに継続収容の理由を揃えて、裁判所に継続収容の裁定を申請しなければならない。

継続収容期間が満期する前、被収容者が所持するパスポートまたは旅行書が紛失または失効し、かつこれらの書類が更新、再交付または延期の手続きがまだ完了していないために、出入国及び移民署は延長収容が必要と判断した場合、継続収容期間が満期する5日間前までに延長収容の理由を揃えて、裁判所に延長収容の裁定を申請しなければならない。

継続収容の期間は、一時収容期間が満期する時点から最長45日間を超えてはいけない。延長収容の期間は、継続収容期間が満期する時点から最長40日を超えてはいけない。

□参考文献

文献

・児玉晃一（２０１０）「在留特別許可をめぐる裁判例の傾向」近藤 敦・塩原 良和・鈴木江理子（編著）『非正規滞在者と在留特別許可　移住者たちの過去・現在・未来』日本評論社、１３１－１１４頁。
・近藤敦『多文化共生と人権　諸外国の「移民」と日本の「外国人」』明石書店、２０１９年。
・贄田健二郎・平本紋子・尾家康介（２０１８年８月）「第一条 を読む」『法学セミナー』52－56頁。
・坂中英徳／斎藤俊男著『出入国管理及び難民認定法　逐条解説〔改定第四版〕』日本加除出版社、２０１２年。
・高谷幸（２０１７）『追放と抵抗のポリティクス』ナカニシヤ出版。
・高谷幸編著（２０１９）『移民政策とは何か　日本の現実から考える』人文書院。
・丹野清人（２０１８）『「外国人の人権」の社会学』吉田書店。
・田巻松雄／スエヨシ・アナ編（２０１５）『越境するペルー人　外国人労働者、日本で成長した若者、「帰国」した子どもたち』下野新聞社。
・田巻松雄（２０１７）『未来を拓くあなたへ―「共に生きる」社会を考えるための10章』下野新聞新書。
・田巻松雄（２０１８）「外国人生徒の学びの場と進路保障―多文化共生を担う次世代支援」宇都宮大学国際学部編『多文化共生をどう捉えるか』下野新聞新書、１７４－１７８頁。
・東京都外国人相談研究会（２０１３）『改定　外国人よろず相談　事例と回答１２０』日本加除出版株式会社。
・中島眞一郎（２０１０）「入管行政の『開かずの門』への挑戦―退去強制令書発付処分後の在留特別許可を取得した４つの家族の事例―」近藤敦・塩原良和・鈴木江理子編著（２０１０年）『非正規滞在者と在留特別許可　移住者たちの過去・現在・未来』日本評論社、１４５－１６４頁。
・入管問題調査会（２００１）『入管収容施設　スウェーデン、オーストリア、連合王国、そして日本』現代人文社。

・南川文里（２０１６）「新自由主義時代の国際移民と国境管理―国境危機に対峙して―」松下　冽・藤田憲（編著）『グローバル・サウスとは何か』ミネルヴァ書房、１４５－１６４頁。
・山田鐐一・黒木忠正（２０１０）『よくわかる入管法　第２版』有斐閣。
・矢部武（２００９）『少年院を出たあとで　更生できる人、できない人』現代人文社。

論文

・呉　泰成（２０１７）「収容と仮放免が映し出す入管政策問題―牛久収容所を事例に―」『大阪　経済法科大学アジア太平洋研究センター年報』（14）、32－39頁。
・呉泰成（２０１９年）「日韓における外国人収容施設の比較検討：長期収容問題を中心に」『アジア太平洋研究センター年報』（16）17－25頁。
・丹野清人（２００７）「在留特別許可の社会学―日本で暮らす外国人の法的基礎」『大原社会問題研究所雑誌』５８２号、1－30頁。
・高谷　幸（２０１８）『外国人労働者』から『不法滞在者』へ―１９８０年代以降の日本における非正規滞在者をめぐるカテゴリーの変遷と帰結―」『社会学評論』68、５３１－５４８頁。
・田巻松雄（２０１９）「外国人児童生徒から『不法滞在者』へ―日系人Ｍの20年の軌跡」『エモーション・スタディーズ』４巻Ｓｉ号、６―16頁。
・樋口直人・稲葉　奈々子（２０１８）「間隙を縫う―ニューカマー第二世代の大学進学―」『社会学評論』68、５６７－５８３頁。
・劉志剛（２００７）「台湾の出入国管理における、退去強制及び収容の制度について：その問題点を中心に」『国際公共政策研究』12（１）２２５－２４１頁。

その他

・仮放免者の会（ＰＲＡＪ）（２０１８年6月）「入管にとって長期収容の目的はなにか?」http://praj-praj.blogspot.com/2018/06/blog-post_27.html（２０１９年７月28日最終閲覧）

・公益財団法人全国高等学校定時制通信制教育振興会（２０１２）『高等学校定時制課程・通信制課程の在り方に関する調査研究』（平成21－23年度文部科学省委託事業）
・『平成30年版　犯罪白書～進む高齢化と犯罪』（法務省　法務総合研究所編）
・弁護士ドットコムニュース（２０１８年４月25日）「入管施設の死亡事案、２００７年以降で13件『収容者がモノ扱い』の批判も」　https://www.bengo4.com/c_16/n_7782/（２０１９年７月28日最終閲覧）
・田巻松雄「アジアにおける非正規滞在外国人をめぐる現状と課題―日本、韓国、台湾を中心に―」『アジア・グローバル都市における都市下層社会変容の国際比較研究』平成16－19年度科学研究費補助金基盤研究（Ｂ）研究成果報告書、研究代表者　田巻松雄
・田巻松雄・枦木典子・中野真紀子（２０１７）「外国人生徒の学ぶ場―定時制通信制課程，夜間中学、多文化共生センター東京―」平成29年度科学研究費補助金基盤研究（Ａ）「将来の『下層』か『グローバル人材』か―外国人児童生徒の進路　保障実現を目指して―」（研究代表者　田巻松雄）平成29年度科学研究費補助成果報告書）62－77頁。
・日本評論社　難民支援協会（２０１６年10月13日）「東日本入国管理センターとの質疑応答」Retrieved from https://www.refugee.or.jp/jar/report/2016/10/13-0000.shtml（２０１８年８月３日閲覧）
・法務総合研究所研究部報告51（２０１３）『来日外国人少年の非行に関する研究（第２報告）』。
・法務省矯正局『法務教官　一君を待つ未来のために　一』（作成・刊行日不明）
・法務省入国管理局（平成29年11月）『退去強制業務について』。
・法務省入国管理局（平成30年12月）『退去強制業務について』。
・真島まどか（２００７）『定住外国人強制送還についての法社会学的研究―日本における第二世代に関する事例を中心にして―』一橋大学大学院社会学研究科修士論文。

裁判記録

・「供述調書」（平成22年６月１日）。

・「陳述書」（平成22年11月11日）。
・「弁論要旨」（平成22年（わ）第１８４号、同第２２８号、同第２８８号、同第３０６号、同第３２２号）強盗、窃盗等被告事件、平成22年11月22日。
・「判決」（平成22年（わ）第１８４号、同第２２８号、）同第２８８号、同第３０６号、同第３２２号、同第３４７号）。
・「供述調書」（平成27年３月31日）。
・「異議申出書」（平成28年８月31日）。
・「訴状」（平成29年４月24日）。
・「退去強制令書発付処分取消請求事件」（平成29年（行ウ）第１７４号）。
・「証拠説明書」（平成29年５月12日）。
・「答弁書」（平成29年（行ウ）第１７４号　退去強制令書発付処分取消等請求事件、平成29年７月６日）。
・「証拠説明書」（平成29年（行ウ）第１７４号　退去強制令令書発付処分取消等請求事件、平成29年７月６日）。
・「第一準備書面」（平成29年（行ウ）第１７４号　退去強制令書発付処分取消等請求事件、平成29年８月30日）。
・「退去強制令書発付処分取消等請求控訴事件」（平成30年（行コ）第62号）。
・「証拠提出書」（平成29年（行ウ）第１７４号　退去強制令書発付処分取消等請求事件、平成29年９月７日）。
・「陳述書」（平成29年10月４日）。
・「判決」（平成29年（行ウ）第１７４号　退去強制令書発付処分取消等請求事件、平成30年１月25日）。
・「控訴状」（平成30年２月９日）。
・「控訴状」（平成30年（行コ）第62号　退去強制令書発付処分取消等請求事件、平成30年４月２日）。
・「証拠提出書」（平成30年４月２日）。
・「証拠説明書」（平成30年（行コ）第62号　退去強制令書発付処分取消等控訴事件、平成30年４月２日）。
・「答弁書」（退去強制令書発付処分取消等請求事件控訴事件　平成30年（行コ）第62号、平成30年５月10日）。
・「判決」（平成30年（行コ）第62号　退去強制令書発付処分取消等請求事件控訴事件、平成30年６月28日）。

おわりに

犯した罪の重さに比べてはるかに重い罰あるいは大きな不利益をTは被ってきたと言える。その1つが、入管施設での2年を超える長期収容である。そして、家族から分断された状態で生活基盤のない本国に送還されれば、さらに過酷な生活が待ち受ける。Tが犯した罪は、ここまでかれの人生を縛ってよいものだろうか。

このような事態に大きく関係する要因は、裁判所や入管がTの犯した罪（刑罰法令違反とそれに起因する「不法滞在」）を「絶対的に悪質な行為」とみなしたことにある。Tが非行や犯罪に走った背景にはいくつもの要因が複雑に絡んでいたことをみてきたが、そうした背景に対する配慮は刑事裁判の判断にはなかった。入管は、「理由や目的のいかんを問わず、不法滞在は悪質」と主張した。罪を悔い、更生や社会復帰に向けて努力したことに対して、行政裁判の判決は、「悪質性」の認定になんら影響を与えないものとして切り捨てた。複雑な背景がある中で犯した罪の責任が単に個人の責任とされ、罪の償いも含めたやり直しの努力はなんら評価されない。「八方ふさがり」とはこのようなことを言うのだろう。

Tの日本での20年をどのような言葉で総括できるのか、結論は出ていない。「悪循環の連鎖」だろうか。「悪条件の連続」だろうか。「不運な環境による不幸な結果」だろうか。自分の意志とは無関係に日本に来てしまったこと、小学校で転校を繰り返したことが原因となって仲の良い友だちと一緒に中学校へ入学できなかったこと、勉強が分からずいじめにも遭って中学校入学後間もなく不登校になってしまったこと、学校や家庭に居場所を見出せず「悪い仲間」との交友に居場所を見出していったこと、少年院仮退院後の生活で「悪い仲間」に発見されてしまい結局は誘いを断れずに再非行に及んだこと、高校進学を助言・支援してくれる人がいなかったこと、2回目の少年院を仮退院したあとはしばらく安定した仕事と生活をしていたがその仕事を突然失ってしまったこと、工場で働いていた時に後に強盗を誘ってきたCと出会ったこと、仕事を失って不安定な生活をしていた時に保護観察期間が切れてしまったこと、服役中に「不法滞在」に陥ったこと、刑務所での仮釈放は社会復帰という点では何の意味も持たなかったこと、「不法滞在者」に対する厳罰化が進む中で仮放免申請が何度も却下されてきたこと。

本書の下敷きとなった原稿はTにも読んでもらってきた。ある程度まとまったものを読んでもらった時のTの感想は、「良く書けています」だった。この短い言葉の中にTのどんな気持ちが込められているかは分からない。Tのような人間がいるという事実を本人に代わって広く発信したということに対する感謝の言葉もあった。しかし、読んでもらった時は、どんな感想が返ってくるのか、正直緊張感があった。Tが思い出したくないことも多々あると思う。それを承知の上で、昔のことを何度も何度も聞いた。文章で再構成した20年を本人が目の前にしたときの心境は、改めて20年間に起こった形容しがたい事実が思い出されるとともに絶望感や後悔の念が想起される厳しいものだったのかもしれない。本書は、ある意味、Tの20年を一緒に掘り起こす作業であった。現在の自分の心境は、かれとほぼ同様のものとなっている。「0・01%に賭けるしかない」。

Tの20年の軌跡を20000字程度の文章にまとめたものがネットジャーナルの『エモーション・スタディーズ』で公開されたのは、今年の2月であった。4月に入って、Tの事例を3年次の演習の統一テーマとすることを決めるとともに、演習の成果を活かす形でTの事例に焦点を当てた本の出版を計画した。6か月の研究専念制度（2019年4月から9月まで授業や組織運営に関する仕事を軽減出来る国際学部独自の制度）をたまたま利用出来ることとなり、1週間の平日2日間はTに関する作業に集中できると見込んでいたが、実際に出来た。前期が終わるまでに原稿を完成させることをノルマとした。

演習履修者は30人程度であった。まず、『エモーション・スタディーズ』に掲載された論文を読ませ感想を書かせた。以降、諸々の説明、フィールドワーク報告、共通資料の読み込みなどを交えて演習を進めた。学生と一緒に読んだのは、呉泰成「収容と仮放免が映し出す入管政策問題―牛久収容所を事例に」と法務省入国管理局「退去強制業務について」（平成30年12月）の2本である。学生に課した課題は、退去強制に関する諸外国の実態と入管施設での長期収容の背景について調べることであった。前者の課題に関しては、台湾、韓国、タイ、オーストラリア、イギリス、アメリカ等の様々な国と地域の現状が報告された。6月中旬頃には、学生全員に「本の内容」を構想させた。

5月と6月、何人かの学生がフィールドワークに同行した。Tの自宅を2度訪問したが、1回目は3人、2回目は2人の学生が同行した。いずれも、Tの母の母語が話せる学生に通訳をしてもらった。1つの少年院には2名の学生が同行した。地方更生保護委員会の関係者からの聞き取りには1名の学生が同行した。牛久入管での面会には1名の学生が同行した。牛久入管にはいつもは車で行くが、学生が一緒だったこの日は公共の交通機関を利用した。牛久駅からの交通の便が悪く、タクシーもなかなかつかまらない状態で、たどり着くのに相当の時間がかかってしまった。7月12日に開催された元入管職員による報告会には学生1人と一緒に参加した。7月に入って、「はじめに」と本文1章から7章までの草稿（6章は除く）を全部学生に読ませ感想や疑問点など出させた。こうやって振り返ると、学生もなかなか大変だったかな？　と思う。

5月から7月にかけて様々な方にお会いした。山口元一弁護士と真島まどか行政書士には、退去強制事案に関する様々なケースについて教えていただいた。実は、知りあいの元「不法滞在者」の家族（両親と娘、息子）が在留特別許可を取得する際にお世話になったのが山口弁護士である。娘さんから山口弁護士に連絡してもらい、面会が実現した。宇都宮大学名誉教授の今井直さんには、Tのケースについて、国際法や国際人権の観点から意見を語ってもらった。Tの刑事事件を担当された弁護士にもお会いすることが出来た。刑事裁判からすでに10年近く経っているが、当時の日記を見ながらいろいろと教えていただいた。加えて、裁判記録の閲覧はルール上無理と地方検察庁から断られたなかで、当時の貴重な資料を貸していただいたことは大変幸運だった。呉泰成氏とは、「牛久入管収容所問題を考える会」の関係者の紹介で情報・意見交換する場を持つことが出来た。

Tが入院していた2つの少年院を含む3つの少年院の院長、園長、次長、主席調整官、統括調整官、教育担当官の方々からは丁寧な説明を受けるとともに施設も時間をかけて見学させていただいた。4月の段階では、上記のような人々との出会いは頭になかったので、演習の進展につれて、具体的な希望や計画が生まれてきたということになる。

少年院への訪問は、名古屋の知人が、ある少年院が入院者の母語教育を始めたことを紹介する新聞記事を送ってくれたことが大きなきっかけであった。最初に訪問出来たこの少年院は、突然のお願いであったにも関わらず快く受け入れてくれて、「せっかく遠方から来てくれたのだから、とことん少年院について知ってもらう！」という園長の意向があり、3時間近くもお付き合いいただいた。同時期に、Tが入院していた少年院に訪問を打診していたが、後日、2つとも訪問が実現した。少年院が非行を犯した少年たちの貴重な学びの場になっていることを実感するとともに、Tはここにいたのかとやや感慨深いものもあった。

7月下旬には、台湾の高雄収容所と内政部移民署を訪問することが出来た。２００8年に「アジアにおける非正規滞在外国人をめぐる現状と課題—日本、韓国、台湾を中心に—」という論文をまとめたが、その時には、「不法滞在者」の収容と送還に関する意識は希薄だった。日本における「不法滞在者」の長期収容の現実に接し、台湾や韓国における現状について知りたくなった。高雄収容所では、視察兼副隊長等に3時間、内政部移民署では科長等に2時間、お付き合いいただいた。高雄収容所では、被収容者の「人権」と「安全」に配慮した施設運営が窺《うかが》われた。移民署では、主に、２００7年に「出入国及移民署」（２０１5年に移民署に改称）が設置された背景や移民署が掲げる「多文化の尊重」および「移民の人権保障」というビジョンについて聞いた。台湾では、２０１3年2月に司法院大法官の憲法解釈が出されたことを受け、「退去強制対象者を15日を超えて収容する場合には司法判断が必要である」こと、「収容は１００日（一時収容15日間、継続収容45日間、延長収容40日間の計最長１００日間）を超えてはならない」ことが、２０１6年11月の改正出入国及移民法で定められた。日本における6か月を超える長期収容者の存在について伝えると、台湾でも長期収容の現実が以前にはあったと言う。大法官の解釈は、長期収容は「人民の身体自由の保障」に反するというもので、それを受け出入国及移民法は改正された。現在の台湾から日本が学ぶべき点は大いにあると思う。この台湾への訪問では、事前交渉と通訳をはじめ、国際学部附属多文化公共圏センターコーディネーターの鄭安君さんに大変お世話になった。

いくつかの印象的な思い出もある。昨年初めてTの母に会いに行った時は、会話が成立しなかった。20年の滞在歴とTからある程度は日本語が出来ると聞いていたので、母とは日本語で十分会話が成立すると思っていたが、現実は違った。急遽Tの母の母語が出来る学生に携帯電話で連絡したところ連絡がつき、電話で基本的な情報交換を通訳してもらった。この学生が後の2回の訪問に同行してくれることとなる。牛久入管を訪問した学生は延べ7人になる。このうち1人は、自分の受付上のミスで、いったんは面会室に入ったが、ほどなく面会室から出された！　一瞬何事が起きたのか、と緊張感が走った。ちなみに、自分の配偶者にも牛久入管に3度行ってもらった。Tについてまとめた論文は、窓口から差し入れた。「不法滞在」という字がタイトルにある論文を1枚1枚確認していた時の入管職員の表情は険しく見えて、もしかしたら突き返されるのかなとも勝手に感じていた。

いろいろな課題が残されていることを自覚しているが、特に「入管行政と裁量」の問題については機会を改めて考えてみたい。在留特別許可の許否の判断に客観的な基準はなく、許否は「裁量」で決められる。入管には幅広い裁量権が認められているので、退去強制発付に対する取消請求訴訟を起こしても、「著しい権力の濫用や逸脱があったとは言えない」との判断が下され、原告側が勝つことは極めて難しい。7月12日の集会で、元入管職員の話者は、入管マインドという言葉を何度か使い、入管の判断1つで人間の人生が左右されていく体制と、それに違和感を感じる職員が実際は多いにも関わらず、それが声になっていかない入管行政のあり方に「恐怖」を感じたことが入管を辞めた大きな理由だったと語った。おそらく、「裁量」は日本社会の様々な分野の権力構造を語るキーワードだと思う。

本書を準備するうえで特に参考になったのは、高谷幸『追放と抵抗のポリティクス』（ナカニシヤ出版、2017年）、丹野清人『「外国人の人権」の社会学』（吉田書店、2018年）、真島まどか「『定住外国人強制送還についての法社会学的研究―日本における第二世代に関する事例を中心にして―』」（一橋大学大学院社会学研究科修士論文、2007年1月）である。山口元一弁護士との面談が終了したときに、真島さんが手渡してくれたのがこの修士論文であった。
本書を準備するうえで、上記に紹介した人を含め、実に多くの人に様々な形でご協力いただいた。すべての皆様に心より御礼申し上げたい。演習を履修した学生の皆さんもご苦労様でした。皆さんのレポートや演習での議論は、本書を作るうえで、大いに参考になりました。また、内地留学生の針生真奈美さんには文章全体を添削いただき、有難うございました。

強盗の主犯格であったCは、すでに本国に送還されたとのことであるが、送還前に電話で、Tの母に、Tを強盗に巻き込んで悪かったと謝罪したと言う。Cの母は、Tに何度か手紙や差し入れを送ったという。

Tは今後どうなるのだろうか。限られた選択肢のなかでTは何を選ぶのだろうか。自分は今後Tにどのように向き合っていくのだろうか。具体的なことは現時点では分からないが、1つだけ決めていることがある。それは、この本を渡したときに、Tに告げようと思う。

今後も、Tのように、日本語を全く理解しない学齢期の子どもが不安と期待が入り混じった気持ちで来日するという現象は続いていくだろう。日本社会はかれらをどのように受け入れ支えていくのだろうか。

〈著者紹介〉

田巻　松雄　（たまき・まつお）

北海道夕張市生まれ。宇都宮大学国際学部教授（地域社会論、国際社会論）。国際学部長（2013年4月～2017年3月）、国際学部附属多文化公共圏センター長（2017年4月～2019年3月）。同センターの外国人児童生徒教育支援事業（HANDS）代表者。著書として、『夕張は何を語るか　炭鉱の歴史と人々の暮らし』（編、夕張の歴史と文化を学ぶ会協力、吉田書店、2013年）、『地域のグローバル化にどのように向き合うか－外国人児童生徒教育問題を中心に－』（下野新聞社、2014年）、『越境するペルー人　外国人労働者、日本で成長した若者、「帰国」した子どもたち』（編、下野新聞社、2015年）、『未来を拓くあなたへ～「共に生きる」社会を考えるための10章』（下野新聞社、2017年）、等。

宇都宮《うつのみや》大学《だいがく》国際学《こくさいがく》叢書《そうしょ》第《だい》10巻《かん》
ある外国人《がいこくじん》の日本《にほん》での20年《ねん》
—外国人《がいこくじん》児童生徒《じどうせいと》から「不法滞在者《ふほうたいざいしゃ》」へ

2019年10月31日　初版　第1刷発行

著　者：田巻 松雄
発行所：下野新聞社
〒320-8686 宇都宮市昭和 1-8-11
電話 028-625-1135（編集出版部）
https://www.shimotsuke.co.jp
印刷・製本：晃南印刷株式会社
装丁：デザインジェム

ISBN978-4-88286-743-2　C3036